21世纪会计系列规划教材 **应用型**

成本会计实验

孙蕾蕾 孔令一 主编

Chengben Kuaiji Shiyan

东北财经大学出版社
Dongbei University of Finance & Economics Press
大连

图书在版编目（CIP）数据

成本会计实验 / 孙蕾蕾，孔令一主编. —大连：东北财经大学出版社，2021.1

（21世纪会计系列规划教材 · 应用型）

ISBN 978-7-5654-4021-2

Ⅰ. 成… Ⅱ. ①孙… ②孔… Ⅲ. 成本会计-高等学校-教材 Ⅳ. F234.2

中国版本图书馆CIP数据核字（2020）第213387号

东北财经大学出版社出版

（大连市黑石礁尖山街217号 邮政编码 116025）

网 址：http：//www.dufep.cn

读者信箱：dufep@dufe.edu.cn

大连图腾彩色印刷有限公司印刷 东北财经大学出版社发行

幅面尺寸：185mm×260mm 字数：309千字 印张：21.75 插页：1

2021年1月第1版 2021年1月第1次印刷

责任编辑：高 铭 周 慧 责任校对：慧 心

封面设计：冀贵收 版式设计：钟福建

定价：56.00元

教学支持 售后服务 联系电话：（0411）84710309

如有印装质量问题，请联系营销部：（0411）84710711

前 言

成本会计是企业管理会计的一个重要组成部分，采用一定的方法，对生产成本和费用进行核算和管理。为了满足高等院校财经类专业对成本会计实验教学的需要，我们根据多年从事成本核算、会计理论、会计实践教学的经验，取材于各种类型的制造业企业实务，通过对大量真实的原始资料进行分析、编制和补充后完成了本书。本书由三个独立的成本核算实验组成，分别以烟台中州轮胎有限公司、赛杰五金厂、烟台芙诺纺织有限公司为例（公司名称、地址等内容非实名），通过模拟企业2020年12月份的成本相关经济业务，展现真实的成本核算过程，实践性和应用性较强。

成本会计实验的内容与“成本会计”课程的内容密切相关，建议与成本会计理论课程开设在同一个学期，并使用平行学习的方式同步进行。成本会计的先行课程为“基础会计”“中级财务会计”等。在核算过程中涉及会计基础知识，但侧重于成本会计方面的内容核算，主要通过独立地核算三个不同类型制造业企业的产品成本，分别应用制造业企业成本核算的方法——品种法、分批法、分步法，对制造业企业的产品成本核算进行实验模拟。

为了保证学生在实验过程中能够独立完成实验过程，本书设置成本会计实验指导，包括第一章第五节的“实验账簿指导”和每一章中的“业务指导”。其中“实验账簿指导”部分针对数量金额式、多栏式等明细账的填制方法做说明和要求；“业务指导”部分分别针对品种法、分批法、分步法进行实验指导。

本书具有以下特点：

1.三个综合模拟实验。综合实验是指“品种法”、“分批法”和“分步法”这三个独立的制造业企业成本核算综合实验，涉及我国制造业企业广泛运用的三种基本核算方法：品种法、分批法和分步法。本着够用、实用、适用的原则，仅针对成本会计的内容进行实验，在账簿的设置上，仅涉及成本会计课程相关的成本费用类明细账和部分存货明细账。学生能够有目的地在成本会计实验课程上练习，既节省了时间，又达到专业化训练的目的。

2.可作单项实验使用。单项实验是指“要素费用的核算”（包括“材料费用的核算”“人工费用的核算”“折旧费用的核算”等）“辅助生产成本的核算”“制造费用的核算”“完工产品成本核算”。每一个独立的实验都全面涉及单项核算等成本会计的核心内容。学生通过一个成本方法的综合实验，即可同时练习成本会计的单项成本实验。学生通过综合实验可以了解单项实验的前因后果，而通过单项实验又能够深入理解理论课学习的内容，环环相扣、密不可分。

3.实验难度与强度可选。三个实验是相对独立的，教师和学生在实验过程中可以任意组合（可选16学时、24学时、32学时，也可以更多组合搭配）。课时较多的院校，可以选择三个实验；课时较少的院校，可以选择一个实验。三个实验的难度逐渐增加。

4.详尽的学生学习指导和充分的教学资源。本书设置成本会计实验指导，学生可以参照每一业务的提示自学预习。本书还提供分阶段的参考答案和有针对性的疑难解答，以便于实验者和教师进行操作和核对。

5.本书有专门的实验材料，便于学生练习和交作业，以及教师考核需要。

6.本书税率采用最新税率，分别涉及一般纳税人和小规模纳税人，采用2019年5月修改后最新的税率政策进行本书的实验，与现行税率相同。

本书由孙蕾蕾、孔令一担任主编，殷丽媛担任副主编，赵若辰、汪金燕、李满林参编。由于作者水平有限，教材实验内容难免有疏漏之处，恳请读者提出宝贵意见，以便我们进一步修订和完善。

编　者

2020年9月

目　录

第一章　成本会计实验概述 …… 1
　第一节　实验内容 …… 1
　第二节　实验目的与要求 …… 1
　第三节　实验组织 …… 2
　第四节　实验过程 …… 2
　第五节　实验账簿指导 …… 3
第二章　品种法 …… 6
　第一节　企业经济类型及生产特点 …… 6
　第二节　企业财务核算制度及说明 …… 6
　第三节　核算资料 …… 7
　第四节　业务指导 …… 10
　第五节　原始凭证 …… 15
第三章　分批法 …… 57
　第一节　企业经济类型及生产特点 …… 57
　第二节　企业财务核算制度及说明 …… 58
　第三节　核算资料 …… 58
　第四节　业务指导 …… 61
　第五节　原始凭证 …… 67
第四章　分步法 …… 105
　第一节　企业经济类型及生产特点 …… 105
　第二节　企业财务核算制度及说明 …… 106
　第三节　核算资料 …… 106
　第四节　业务指导 …… 111
　第五节　原始凭证 …… 119
附录　实验材料 …… 181
　附录1　品种法实验材料 …… 181
　附录2　分批法实验材料 …… 227
　附录3　分步法实验材料 …… 273

第一章　成本会计实验概述

第一节　实验内容

一、品种法

品种法实验以烟台中州轮胎有限公司为例，核算一般纳税人、制造业企业的成本。企业的特点为大量的多步骤生产，而管理上不要求分步骤核算成本。

学生根据实验题目建账、审核原始凭证、编制记账凭证、登记明细账，编制成本计算单，并编制成本报表，撰写实验报告。

二、分批法

分批法实验以赛杰五金厂为例，核算小规模纳税人、制造业企业的成本。企业的特点为小批的多步骤生产，而管理上不要求分步骤核算成本。

学生根据实验题目建账、审核原始凭证、编制记账凭证、登记明细账，编制成本计算单，并编制成本报表，撰写实验报告。

三、分步法

分步法实验以烟台芙诺纺织有限公司为例，核算一般纳税人、制造业企业的成本。企业的特点为大量的多步骤生产，而管理上要求分步骤核算成本。

学生根据实验题目建账、审核原始凭证、编制记账凭证、登记明细账，编制成本还原表、成本计算单，并编制成本报表，撰写实验报告。

第二节　实验目的与要求

成本会计实验课程是会计学专业和财务管理专业的一门学科基础课。成本会计是企业管理的一个重要组成部分。通过成本会计实验课程，可以使学生了解和掌握成本会计核算程序、账务处理和相关计算方法，了解和认识成本会计岗位的职责、相关业务原始凭证的传递，能对有关成本费用的经济业务进行账务处理及分析，为学生步入工作岗位打下坚实的基础。

实验要求如下：

（1）学生能够运用所学的成本会计基本理论和知识，通过对成本费用的归集、分配，计算产品成本，掌握成本核算方法和实践技能，形成会计思维，具备账务处理能力。

（2）在实验过程中，学生应当按时出勤，独立完成规定的任务，保证实验进度。

（3）实验需要准备铅笔、橡皮、黑色及红色碳素笔、尺子、小刀、胶水、夹子等用具。

（4）书写数字排列有序，数字紧靠底部，具有一定的倾斜度，占格1/2或1/3为宜，以便订正错误。

（5）书写整齐、规范，出现错误严禁“挖、刮、涂、补”，应采用正确的方法改正，必要时需重新更换。

第三节　实验组织

（1）实验可根据学校对于学生培养计划的需要，灵活地选择一个或几个实验进行模拟。其中品种法约16学时，分批法约16学时，分步法约24学时。

（2）应配备专职实验教师，教师可以对实验中较为重要和有难度的部分加以讲解，并监督和指导实验全过程；根据学生完成实验的质量和表现给出分值。

（3）实验可以采用个人或者分组形式完成。一般建议尽量让每位学生独立完成成本核算的流程；也可根据课时情况，分2～4人一组进行实验。

（4）实验的考核可采用“平时表现+实习成果”的综合评定方式。学生独立完成实验，并撰写约1 000字的实验报告。

第四节　实验过程

（1）选择实验企业和成本核算方法，了解企业概况、经济类型和生产特点、核算制度等内容。

（2）根据核算资料，了解“基本生产成本”“辅助生产成本”“制造费用”“管理费用”“销售费用”等明细账，并建账，填写“基本生产成本”的期初余额，在摘要栏写明“期初余额”。为了使成本会计的核算流程简单、清晰、明了。在三个制造业企业的账簿设计中，均只涉及了以上明细账，其他日记账、明细账和总账省略。

（3）根据实验提供的2020年所发生的经济业务，整理和填制有关原始凭证，编制记账凭证，按照付款凭证、收款凭证（无）、转账凭证分类编制，并将原始凭证附于记账凭证之后，填写附件张数。

（4）根据付款凭证、转账凭证登记“基本生产成本”“辅助生产成本”“制造费用”“管理费用”“销售费用”等明细账。明细账应严格按照登账要求登记，如有错登，需采用划线更正法、红字更正法或补充登记法进行更正，不能直接涂改。

（5）按照各制造业企业的要求，归集各“辅助生产成本”科目发生的费用，并进行辅助生产费用分配。

（6）按照各制造业企业的要求，归集各“制造费用”科目发生的费用，并进行制造费用分配。

（7）按照各制造业企业的要求，核算各产品的品种、批别、步骤发生的成本，必要时进行成本还原。

（8）编制成本报表。

第五节　实验账簿指导

成本会计实验仅涉及明细账，实验账簿的填制为明细账的填制。在本实验中，为了更加明确实验目的，简化实验步骤，对在先行课程“基础会计”中学到的账簿启用及交接记录省略；对于明细账的一级科目、明细科目已经填制完毕，学生只需找到对应的明细账填制即可。本实验涉及的明细账主要有以下两种：

一、数量金额式明细账

分步法实验涉及2张“自制半成品明细账”，该明细账核算的是缝纫车间生产完毕入库的自制半成品：

自制半成品——半成品普通内衣

　　　　　——半成品精品内衣

首先，登记期初余额。“日期”栏均登记为“2020年12月1日”；“凭证字号”栏不填；“摘要”栏填写“期初余额”四个字；只在“结存”栏登记数量、单价、金额；“借方”栏、“贷方”栏均不登记；在本实验数量金额式明细账中，填写在该账“结存”中的数字黑色为“借”方，红色为“贷”方。

其次，在日常核算登记明细账时：

日期：分别填写业务发生的月、日。

凭证字号：记账凭证上的文字部分填在“种类”栏，号数填在“号数”栏。

例如：现付1号记账凭证，在“种类”栏填“付”字，在“号数”栏填“1”。

转2号记账凭证，在“种类”栏填“转”字，在“号数”栏填“2”。

摘要：根据经济业务的内容填写。

数量：若记账凭证摘要栏已注明数量，还应填在相应的数量栏。若记账凭证摘要栏没有注明，应根据原始凭证有关资料填写。若原始凭证上也没有这项资料，应查明后填写。

单价：记账凭证摘要栏注明的，还应填在相应的单价栏。若记账凭证摘要栏没有注明，应根据原始凭证有关资料和有关计价内容计算出单价填写。若原始凭证上没有该项资料，应查明后决定如何填写。例如：本实验中“自制半成品”的单价应根据缝纫车间的产品成本计算单中“完工半成品”资料填写。

二、多栏式明细账

多栏式账页，又称分析式账页，即在每一笔数额上，同时明确业务的具体内容。在成本会计实验内容中，主要涉及“基本生产成本”“辅助生产成本”“制造费用”“管理费用”“销售费用”等多栏式明细账。同时将“管理费用”“销售费用”多栏式账页进行简化，选取核算企业较多使用的费用项目，没有列出的费用项目统一在“其他”栏里填列。

1.生产成本明细账

为了简化账簿的级次，本实验可以不设“生产成本”总账账户，直接设置“基本生产成本”“辅助生产成本”两个总账账户。

“基本生产成本”账户按成本计算对象建立账簿，账中按成本项目分设专栏登记有关内容。如设置“直接材料”“自制半成品”“直接人工”“制造费用”等栏目进行区分。

"辅助生产成本"账户按成本计算对象建立账簿，由于辅助生产车间仅生产一种产品或劳务，且为了简化核算，不设置其"制造费用"明细账，故直接按照车间建立账簿，账中按费用项目分设专栏登记有关内容。如设置"材料费""人工薪酬费""水电费""折旧费""劳保费""其他"等栏目进行区分。

例如，在品种法下，生产成本明细账设置为：

基本生产成本——A型内胎

——B型内胎

辅助生产成本——蒸汽车间

——供电车间

首先，登记期初余额。"日期"栏均登记为"2020年12月1日"；"凭证字号"栏不填；"摘要"栏填写"期初余额"四个字；"基本生产成本"明细账根据表2-2的期初在产品金额，在"借方发生额"栏登记合计数，同时在"直接材料""直接人工""制造费用"等明细项目下分别填写各费用项目期初余额，明细项目的合计数等于借方发生额的金额；"辅助生产成本"明细账由于提供的是不能储存的产品或劳务，故没有月初在产品，即期初余额为零，不需填写。在本实验生产成本明细账中，填写在该账"结存"中的数字黑色为"借"方，红色为"贷"方。

其次，在日常核算登记明细账时：

日期：分别填写业务发生的月、日。

凭证字号：记账凭证上的文字部分填在"种类"栏，号数填在"号数"栏。

例如：现付1号记账凭证，在"种类"栏填"付"字，在"号数"栏填"1"。

转2号记账凭证，在"种类"栏填"转"字，在"号数"栏填"2"。

摘要：根据经济业务的内容填写。

发生金额：在"借方发生额"栏登记合计数，同时，根据费用的性质，分别在"直接材料""直接人工""制造费用"等明细项目下填写，明细项目的合计数等于借方发生额的金额。

最后，分批法和分步法的生产成本明细账登记类同品种法进行。

2.制造费用明细账

"制造费用"账户核算企业为生产产品而发生的各项间接费用和未专设成本项目的直接耗费。制造费用明细账按照车间设置，一个车间设置一张，采用实际分配方法，制造费用科目月初和月末没有余额。

制造费用明细账按费用项目设置多栏式明细账的明细，设置"物料消耗""管理人员薪酬费""水电费""折旧费""劳保费""其他"等栏目进行区分。在本实验制造费用明细账中，填写在该账中的数字黑色为"借"方，红色为"贷"方。

例如：在品种法下，制造费用明细账设置为：

制造费用——基本生产车间

分步法下制造费用明细账设置为：

制造费用——裁剪车间

——缝纫车间

——成衣车间

首先，制造费用明细账无须登记期初余额。

其次，在日常核算登记明细账时：

日期：分别填写业务发生的月、日。

凭证字号：记账凭证上的文字部分填在“种类”栏，号数填在“号数”栏；

例如：现付1号记账凭证，在“种类”栏填“付”字，在“号数”栏填“1”。

转2号记账凭证，在“种类”栏填“转”字，在“号数”栏填“2”。

摘要：根据经济业务的内容填写。

发生金额：在“借方发生额”栏登记合计数，同时，根据费用的性质，分别在“物料消耗”“管理人员薪酬费”“水电费”“折旧费”“劳保费”“其他”等明细项目下填写，明细项目的合计数等于借方发生额的金额。

3.销售费用和管理费用明细账

“销售费用”账户核算企业为销售产品而发生的各项耗费，“管理费用”账户核算企业行政管理部门为组织和管理生产经营活动而发生的各项耗费。二者明细账各设置一张，月初和月末没有余额。

销售费用明细账、管理费用明细账设置“材料费”“薪酬费”“水电费”“折旧费”“保险费”“运输费”“其他”等栏目进行区分。在本实验二者明细账中，填写在该账中的数字黑色为“借”方，红色为“贷”方。在日常核算登记明细账时，类同制造费用明细账进行登记。

第二章　品种法

第一节　企业经济类型及生产特点

烟台中州轮胎有限公司是山东省烟台市生产自行车内胎的企业，位于烟台市高新区港东大街101号，注册资本500万元，为增值税一般纳税人。该厂主要从事自行车内胎的生产，设有一个基本生产车间，产品从投料到产出整个过程都是在这个车间完成的，产成分品分为A型内胎和B型内胎两个品种，并设有蒸汽和供电两个辅助生产车间：蒸汽车间生产高压蒸汽，为基本生产车间提供动力；供电车间主要为企业各车间、部门提供电力。企业的基本信息如下：

名称：烟台中州轮胎有限公司

开户银行及账号：中国农业银行港东支行　15432600460014266

纳税人识别号：91370682543570123L

地址、电话：烟台市高新区港东大街101号　0535-69151290

该企业生产自行车内胎属于大量大批单步骤生产方式，故采用品种法核算产品成本。生产成本设置基本生产成本和辅助生产成本两个明细账。其中基本生产车间分别以A型内胎和B型内胎为核算对象按月计算完工产品成本。成本明细账设置三个成本项目：直接材料、直接人工和制造费用。产品生产流程如图2-1所示：

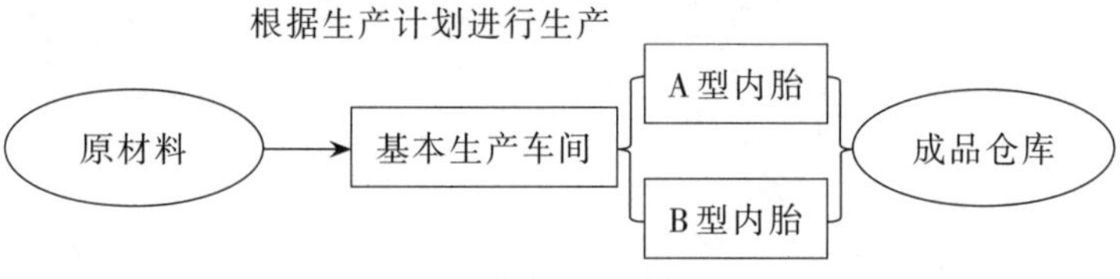

图2-1　品种法下企业的生产流程

第二节　企业财务核算制度及说明

一、存货核算

（1）产品生产的原材料及主要材料有：橡胶、填充剂、炭黑、嘴子、帘子布等；辅助材料为机油、汽油等。基本生产车间和蒸汽车间所需燃料为煤，不单独设置直接燃料和动力成本项目。材料存货日常核算采用实际成本法计价，材料成本按全月一次加权平均法进行核算，发出材料的成本与月末统一编制“发出材料汇总表”汇总计算。

（2）企业低值易耗品分为工作服、手套等，均采用一次摊销法进行摊销。

（3）企业的完工产成品使用“库存商品”账户核算，按实际成本法计价，按全月一次加权平均法计算。

二、产品成本核算

（1）辅助生产费用核算说明：为简化核算，企业规定辅助生产车间不设置“制造费用”明细账，发生的间接生产费用，直接记入“辅助生产成本”明细账。辅助生产费用分配采用直接分配法。

（2）其他有关费用分配方法的说明：工资及制造费用项目按生产工时比例分配，生产成本在完工产品与在产品之间的分配，采用约当产量法。产品生产所需的材料均在生产开始时一次性投入，且月末在产品完工程度均为50%。

第三节　核算资料

一、期初资料

烟台中州轮胎有限公司的相关期初资料见表2-1、表2-2：

表2-1　**烟台中州轮胎有限公司存货结存表**

2020年12月

材料类别	品种	单位	数量	单价	金额（元）
原料及主要材料	橡胶	吨	15	10 000.00	150 000.00
	填充剂	吨	10	5 000.00	50 000.00
	炭黑	吨	4	3 500.00	14 000.00
	帘子布	吨	6	12 000.00	72 000.00
	嘴子	个	2 000	0.50	1 000.00
辅助材料	机油	升	30	50.00	1 500.00
	汽油	升	240	8.00	1 920.00
周转材料	工作服	套	100	30.00	3 000.00
	手套	副	200	2.00	400.00
燃料	煤	吨	10	300.00	3 000.00

表2-2　**烟台中州轮胎有限公司在产品成本表**

2020年12月　单位：元

成本项目	直接材料	直接人工	制造费用	合计
A型内胎	5 591.50	2 330.00	10 704.00	18 625.50
B型内胎	1 514.00	1 320.00	1 004.00	3 838.00

二、本月生产资料

烟台中州轮胎有限公司的本月生产资料见表2-3、表2-4：

表2-3　　**烟台中州轮胎有限公司产量资料**

2020年12月　　单位：个

产品	月初在产品数量	本月投产数量	本月完工产品数量	月末在产品数量
A型内胎	100	200	200	100
B型内胎	100	200	300	0

表2-4　　**烟台中州轮胎有限公司生产工时单**

2020年12月　　单位：小时

车间名称	产品名称	生产工时
生产车间	A型内胎	800
	B型内胎	800
	合计	1 600

三、相关比较资料

烟台中州轮胎有限公司的相关比较资料见表2-5、表2-6。其中1—11月A型内胎的产量为1 800个，B型内胎的产量为2 700个。

表2-5　　**A型内胎单位成本资料**　　单位：元/个

成本项目	历史先进水平	上年实际平均	本年计划	本年1—11月实际
直接材料	110.00	130.00	120.00	120.00
直接人工	150.00	160.00	160.00	160.00
制造费用	300.00	380.00	370.00	360.00
产品成本合计	560.00	670.00	650.00	640.00
主要技术经济指标（单位：吨/个）	耗用量	耗用量	耗用量	耗用量
1.橡胶	0.0048	0.005	0.0048	0.0052
2.炭黑	0.004	0.005	0.005	0.005

表2-6　　**B型内胎单位成本资料**　　单位：元/个

成本项目	历史先进水平	上年实际平均	本年计划	本年1—11月实际
直接材料	75.00	85.00	85.00	82.00
直接人工	100.00	125.00	125.00	120.00
制造费用	200.00	260.00	270.00	260.00
产品成本合计	375.00	470.00	480.00	462.00
主要技术经济指标（单位：吨/个）	耗用量	耗用量	耗用量	耗用量
1.橡胶	0.0048	0.005	0.0048	0.0052
2.炭黑	0.004	0.005	0.005	0.005

四、12月发生的经济业务

烟台中州轮胎有限公司2020年12月发生的经济业务如下：

（1）1日，基本生产车间投产A型内胎200个，领用橡胶1吨。（凭证2-1）

（2）2日，蒸汽车间领用机油5升。（凭证2-2）

（3）3日，采购材料橡胶和炭黑，收到增值税专用发票，以银行存款支付并入库。（凭证2-3-1、凭证2-3-2、凭证2-3-3、凭证2-3-4）

（4）5日，基本生产车间生产A型内胎领用炭黑1吨，填充剂0.5吨。（凭证2-4）

（5）6日，蒸汽车间领用煤2吨，供电车间领用煤3吨，基本生产车间一般消耗领用煤1.5吨。（凭证2-5-1、凭证2-5-2、凭证2-5-3）

（6）7日，基本生产车间生产B型内胎领用炭黑1吨，填充剂0.5吨。（凭证2-6）

（7）8日，基本生产车间、蒸汽车间和供电车间、管理部门购买办公用品，其中基本生产车间982元、蒸汽车间300元、供电车间100元、管理部门1 580元，以银行存款支付。（凭证2-7-1、凭证2-7-2）

（8）8日，基本生产车间投产B型内胎100个，领用橡胶0.5吨。（凭证2-8）

（9）10日，公司销售员程方圆出差与某商场洽谈销售事宜，返回后根据报销单据进行费用报销，以现金付讫。（凭证2-9-1、凭证2-9-2）

（10）11日，基本生产车间领用帘子布1吨，其中A型内胎和B型内胎各0.5吨。（凭证2-10）

（11）11日，蒸汽车间领用劳保手套。（凭证2-11）

（12）12日，供电车间领用工作服。（凭证2-12）

（13）17日，基本生产车间领用A型内胎的原材料嘴子200个、B型内胎的原材料嘴子100个。（凭证2-13）

（14）20日，采购材料帘子布并入库，收到增值税专用凭证，未付款。（凭证2-14-1、凭证2-14-2、凭证2-14-3）

（15）22日，用银行存款支付基本生产车间、蒸汽车间和供电车间劳保费、厂部管理部门报刊费等。其中劳保费基本生产车间500元、蒸汽车间400元、供电车间300元。（凭证2-15-1、凭证2-15-2、凭证2-15-3、凭证2-15-4、凭证2-15-5）

（16）25日，厂部管理人员刘晶出差返回，根据报销单据进行报销。（凭证2-16-1、凭证2-16-2、凭证2-16-3）

（17）28日，基本生产车间完工入库A型内胎200个，B型内胎200个。（凭证2-17）

（18）31日，采用全月一次加权平均法计算材料的成本，填写“存货计价表”，并计算平均单价。（凭证2-18）

（19）31日，汇总本月仓库的领料单，编制“材料领用汇总表”，并做账务处理。（凭证2-19）

（20）31日，根据本月“职工薪酬汇总表”，填写“职工薪酬分配表”，并做账务处理。（凭证2-20-1、凭证2-20-2）

（21）31日，计提各车间、部门固定资产折旧费。（凭证2-21）

（22）31日，根据蒸汽车间和供电车间提供劳务情况，采用直接分配法分配辅助生产车间的费用，并做账务处理。（凭证2-22-1、凭证2-22-2）

（23）31日，分配基本生产车间的制造费用并做账务处理。（凭证2-23）

（24）31日，分配基本生产车间的产成品的生产成本，并做账务处理。（凭证2-24-1、凭证2-24-2）

（25）31日，编制成本报表。（见表5-1、表5-2、表5-3）

第四节　业务指导

业务指导有“业务分析”“实务演练”“操作提示”“答案参考”等内容。其中，“业务分析”对该笔经济业务的内容做分析和说明；“实务演练”特别针对一些原始凭证的特征和内容做阐述；“操作提示”对该笔经济业务的会计处理及原始凭证填制做指导和提示；“答案参考”不提供所有答案，仅对影响后续步骤的答案做提示，以便学生在实验过程中保证效率。

业务（1）1日，基本生产车间投产A型内胎200个，领用橡胶1吨。

业务分析：根据领料单可以看到，基本生产车间A型内胎成本增加，同时原材料橡胶减少应记入“基本生产成本——A型内胎”。

实务演练：了解领料单的填制过程及内容，领料单一般是三联式：

第一联：存根联，由车间主任开具并留存。

第二联：记账联，由会计记账使用。（在本实验中给出记账联）

第三联：仓库联，由车间人员交仓库领料，并由仓库保存。

操作提示：暂时不做处理。本实验的材料均采用实际成本法计价，在采用全月一次加权平均法计算材料费的情况下，暂时不能编写记账凭证，需要在月末进行原材料计价后，统一进行记账凭证的编制。

业务（2）2日，蒸汽车间领用机油5升。

业务分析：同业务（1）处理，应记入“辅助生产成本——蒸汽车间”。

业务（3）3日，采购材料橡胶和炭黑，收到增值税专用发票，以银行存款支付并入库。

业务分析：根据转账支票、发票和入库单编制记账凭证。

实务演练：了解转账支票的填制方法和内容，剪切后留作存根的部分应作为记账依据。

了解采购发票的形式和内容，企业进行材料采购，收到的增值税专用发票有抵扣联和记账联，抵扣联用于增值税一般纳税人进行税额抵扣，记账联作为记账依据。

了解入库单的形式和内容，入库单一般是三联式：

第一联：存根联，由仓库开具并留存。

第二联：记账联，由采购人员交财务报销，会计记账使用。（在本实验中给出记账联）

第三联：仓库联，由仓库保存。

业务（4）5日，基本生产车间生产A型内胎领用炭黑1吨，填充剂0.5吨。

业务分析：同业务（1）处理，应记入“基本生产成本——A型内胎”。

业务（5）6日，蒸汽车间领用煤2吨，供电车间领用煤3吨，基本生产车间一般消耗领用煤1.5吨。

业务分析：同业务（1）处理，应分别记入“辅助生产成本——蒸汽车间”“辅助生产成本——供电车间”“制造费用”。

业务（6）7日，基本生产车间生产B型内胎领用炭黑1吨，填充剂0.5吨。

业务分析：同业务（1）处理，应记入“基本生产成本——B型内胎”。

业务（7）8日，基本生产车间、蒸汽车间和供电车间、管理部门购买办公用品，其中基本生产车间982元、蒸汽车间300元、供电车间100元、管理部门1 580元，以银行存款支付。

业务分析：根据转账支票、发票编制记账凭证，注意区分增值税普通发票和专用发票。

业务（8）8日，基本生产车间投产B型内胎100个，领用橡胶0.5吨。

业务分析：同业务（1）处理，应记入“基本生产成本——B型内胎”。

业务（9）10日，公司销售员程方圆出差与某商场洽谈销售事宜，返回后根据报销单据进行费用报销，以现金付讫。

业务分析：根据出差申请单、差旅费报销单编制记账凭证，注意实际发生与报销的金额为差旅费报销单上的金额。

业务（10）11日，基本生产车间领用帘子布1吨，其中A型内胎和B型内胎各0.5吨。

业务（11）11日，蒸汽车间领用劳保手套。

业务（12）12日，供电车间领用工作服。

业务（13）17日，基本生产车间领用A型内胎的原材料嘴子200个、B型内胎的原材料嘴子100个。

业务分析：以上四个业务同业务（1）处理，应根据领料部门、领用用途分别记入相应科目，月末统一处理。

业务（14）20日，采购材料帘子布并入库，收到增值税专用凭证，未付款。

业务分析：同业务（3）处理，注意，此业务未付款，故贷方采用“应付账款——××公司”。

业务（15）22日，用银行存款支付基本生产车间、蒸汽车间和供电车间劳保费、厂部管理部门报刊费等。其中劳保费基本生产车间500元、蒸汽车间400元，供电车间300元。

业务分析：根据转账支票、发票编制记账凭证，注意区分增值税普通发票和专用发票。

业务（16）25日，厂部管理人员刘晶出差返回，根据报销单据进行报销。

业务分析：同业务（9）处理，注意，此处是用现金支票支付，应记入“银行存款”。

业务（17）28日，基本生产车间完工入库A型内胎200个，B型内胎200个。

操作提示：产成品入库的会计处理，由于只知道入库数量，并未核算产成品的成本，因此，该业务应在月末产品成本计算单核算之后，再进行记账凭证的编制。

业务（18）31日，采用全月一次加权平均法计算材料的成本，填写“存货计价表”，并计算平均单价。

操作提示：不需要做会计分录。

根据全月一次加权平均法计算材料的全月平均单价，用以核算本月领用材料的成本。公式为：

$$某材料全月一次加权平均单价=\frac{月初某材料成本+本月收入某材料总成本}{月初某材料数量+本月收入某材料数量}$$

答案参考：根据全月一次加权平均法计算的材料单价，与月初有变化的3种材料的平均单价为：橡胶13 405元、炭黑5 277元、帘子布18 253元。

业务（19）31日，汇总本月仓库的领料单，编制“材料领用汇总表”，并做账务处理。

操作提示：汇总前述业务中的“领料单”，编制“材料领用汇总表”。编制方法为：

横行表示领用的材料类别，竖列表示领用材料的受益部门，二者交叉的空格，填写受益部门领用该材料类别的内容——“数量”“金额”。

其中：“数量”根据领料单上列明的数量汇总填写；

“金额”根据该数量乘以“存货计价表”中的该材料平均单价而得。

例如：根据业务（1）的领料单，可知基本生产车间领用橡胶用于生产A型内胎。应记入“基本生产成本——A型内胎”，故在填列“材料领用汇总表”时，填入“生产车间——A型内胎用”列和“原料及主要材料——橡胶”行交叉的格子里，仅填写数字。

“数量”根据领料单上列明的数量填写“1”（吨）；

“金额”根据该数量“1”（吨）乘以“存货计价表”中的橡胶平均单价“13 405”元/吨而得“13 405”元。

答案参考：

该会计分录的借贷方科目和数据如下：

基本生产成本——A型内胎	30 408.50	
——B型内胎	23 656.00	
制造费用——基本生产车间	1 500.00	
辅助生产成本——蒸汽车间	2 450.00	
——供电车间	6 000.00	
原材料		54 064.50
周转材料		9 950.00

业务（20）31日，根据本月“职工薪酬汇总表”，填写“职工薪酬分配表”，并做账务处理。

操作提示：根据实验给出的“职工薪酬汇总表”，编写会计分录。注意：可以区分直接计入费用和间接计入费用。其中：基本生产车间的生产工人职工薪酬，是两种产品共同耗用的直接生产费用，需要在两种产品中进行分配后才能记入“基本生产成本——A型内胎”“基本生产成本——B型内胎”，故写入“职工薪酬分配表”时应根据两种产品的实际工时（见表2-4）进行分配。

$$职工薪酬分配率=\frac{生产车间的工人职工薪酬}{A、B型内胎的实际工时之和}$$

答案参考：两种产品应分配的职工薪酬均为35 670元。

业务（21）31日，计提各车间、部门固定资产折旧费。

操作提示："折旧计提单"每一行数据根据固定资产原值和月折旧率相乘而得。

业务（22）31日，根据蒸汽车间和供电车间提供劳务情况，采用直接分配法分配辅助生产车间的费用，并做账务处理。

业务分析：辅助生产费用分配的前提是辅助生产成本已经归集完毕。在实验过程中，将之前业务的记账凭证全部登记明细账，可得"辅助生产成本——蒸汽车间""辅助生产成本——供电车间"归集的费用。

操作提示：辅助生产成本分配表的填制方法是：

"待分配费用"根据辅助生产成本明细账的借方余额填制；

"劳务供应总量"根据凭证2-22-1辅助生产费用受益表填制；

费用分配率采用直接分配法计算得出：

$$\text{蒸汽/供电费用分配率}=\frac{\text{待分配费用}}{\text{劳务供应总量}-\text{供电/蒸汽车间耗用量}}$$

答案参考：

该会计分录的借贷方科目和数据如下：

制造费用——基本生产车间	46 345.00	
管理费用	3 000.00	
销售费用	3 308.00	
辅助生产成本——蒸汽车间		21 688.00
——供电车间		30 965.00

业务（23）31日，分配基本生产车间的制造费用并做账务处理。

操作提示：制造费用分配的前提是制造费用已经归集完毕。在实验过程中，将之前业务的记账凭证全部登记明细账，生产车间的制造费用合计金额根据制造费用明细账的借方余额填制。

各种产品应分配的制造费用按照实际工时（见表2-4）比例进行分配。

$$\text{制造费用分配率}=\frac{\text{生产车间的制造费用}}{\text{A、B型内胎的实际工时之和}}$$

答案参考：两种产品应分配的制造费用均为79 296元。

业务（24）31日，分配基本生产车间的产成品的生产成本，并做账务处理。

操作提示：产品成本计算单的填制方法：

"月初在产品成本"根据月初在产品资料（见表2-2）填列；

"本月费用——直接材料"根据"材料领用汇总表"填列；

"本月费用——直接人工"根据"职工薪酬分配表"填列；

"本月费用——制造费用"根据"制造费用分配表"填列。

以上可以在记账之后，直接通过"基本生产成本"明细账数据获得填列。

完工产品成本、月末在产品成本需根据采用约当产量法分配的产品成本填列：

由于生产产品的材料均在生产开始时一次性投入，故材料费按完工产品和在产品数量分配；月末在产品完工程度均为50%，故直接人工和制造费用按完工产品数量和在产品约当产量分配。

例如：

A型内胎费用分配率计算：

$$直接材料分配率=\frac{5\,591.5+30\,408.5}{200+100}=120（元/个）$$

$$直接人工分配率=\frac{2\,330+35\,670}{200+100\times 50\%}=152（元/个）$$

$$制造费用分配率=\frac{10\,704+79\,296}{200+100\times 50\%}=360（元/个）$$

“完工产品成本”“月末在产品成本”按分配率乘以数量、约当产量分别计算。

答案参考：A型内胎的完工产品成本为126 400元，B型内胎的完工产品成本为142 460元。

业务（25）31日，编制成本报表。

操作提示：本实验成本报表需要编制“主要产品单位成本表”“全部产品成本表”，填制方法为：

首先编制“主要产品单位成本表”，根据实验中有关企业的提示，填写“编制企业”“产品名称”“实际产量（本月）”“计量单位”“本年累计实际产量”内容。

根据相关比较资料（见表2-4、表2-5），填写“历史先进水平”“上年实际平均”“本年计划”的单位金额、经济技术指标数据。

“本月实际”单位成本，根据相关产品“产品成本计算单”中的完工产品成本除以数量计算填制。

“本年实际平均”单位成本，根据本月完工产品成本和1—11月完工产品成本加权计算填制：

$$本年实际单位成本=\frac{1—11月单位成本\times 1—11月产量+本月实际总成本}{1—11月产量+本月产量}$$

“本月实际”主要技术经济指标，根据本月投产产品的领料情况确定，例如：本月投产A型内胎200个，本月为此领用橡胶1吨，则材料耗用情况为1÷200=0.005吨/个。

“本年实际平均”主要技术经济指标，根据本月实际主要技术经济指标和1~11月主要技术经济指标加权计算填制。

$$本年实际材料耗用=\frac{1—11月材料耗用\times 1—11月产量+本月实际总耗用}{1—11月产量+本月产量}$$

例如：本月投产A型内胎的材料耗用为0.005吨/个，1—11月投产A型内胎的材料耗用为0.0052吨/个，则：

$$本年实际材料耗用=\frac{0.0052\times 1\,800+1}{1\,800+200}=0.00518$$

最后编制“全部产品成本表”，企业生产的两种产品均为可比产品，即以前年度生产过的产品。填写在可比产品中“1.A型内胎”“2.B型内胎”。

根据“主要产品单位成本表”填写“实际产量”“单位成本”两大列数据。

“本月总成本”以“实际产量——本月”与各“单位成本——上年实际平均、本年计划、本月实际”分别相乘填列。

“本年累计总成本”以“实际产量——本年累计”与各“单位成本——上年实际平均、本年计划、本年累计实际平均”分别相乘填列。

分别求出可比产品合计和全部产品生产成本合计。

第五节　原始凭证

凭证 2-1

领　料　单

No.　12001

领料部门：生产车间　　2020年12月01日

领料用途：生产A型内胎

材料名称	规格	单位	数量		成本	
			请领	实发	单价	总价
橡胶		吨	1	1		
合　计						

第二联：记账联

车间主管：王城　　会计：赵燕　　发料人：张忠诚　　领料人：张三

凭证 2-2

领　料　单

No.　12002

领料部门：蒸汽车间　　2020年12月02日

领料用途：一般耗用

材料名称	规格	单位	数量		成本	
			请领	实发	单价	总价
机油		升	5	5		
合　计						

第二联：记账联

车间主管：赵一霖　　会计：赵燕　　发料人：张忠诚　　领料人：赵宁

凭证 2-3-1

中国农业银行 转账支票存根 10303720 00154521	中国农业银行 转账支票 10303720 00154521
附加信息	出票日期(大写) 贰零贰零年壹拾贰月零叁日 付款行名称：港东支行
	收款人：蓬海橡胶厂 出票人账号：15432600460014266
	人民币(大写) 陆万伍仟陆佰伍拾叁元整 ¥6565300
出票日期 2020 年 12 月 03 日	用途 支付材料费 密码 1002 2309 1235 0018
收款人：蓬海橡胶厂	上列款项请从我账户内支付 行号 160602190922343651 7
金额： ¥65 653.00	出票人签章
用途： 支付材料费	复核 记账
单位主管 张晓光 会计 李娜	

付款期限自出票之日起十天

烟台证券印制有限公司·2019年印制

烟台中州轮胎有限公司 财务专用章

张光晓印

凭证 2-3-2

3700203130 山东增值税专用发票 No 01360155 3700203130 01360155

抵扣联

开票日期：2020年12月03日

购买方	名称：烟台中州轮胎有限公司 纳税人识别号：91370682543570123L 地址、电话：烟台市高新区港东大街101号0535-69151290 开户行及账号：中国农业银行港东支行15432600460014266	密码区			1<6<6>**580331/373>67<599<< ++8+505>4-<+>/0<38+70/420/> 09>>+-*93+>6401/3/4541*2<-3 -*2+88++5/320+6+*<2<>0+19<7		
货物或应税劳务、服务名称	规格型号	单位	数量	单价	金额	税率	税额
*合成橡胶*橡胶		吨	5	10 200.00	51 000.00	13%	6 630.00
*炭黑*炭黑		吨	2	3 550.00	7 100.00	13%	923.00
合计					58 100.00		7 553.00
价税合计（大写）	⊗陆万伍仟陆佰伍拾叁圆整				（小写）¥65 653.00		
销售方	名称：蓬海橡胶厂 纳税人识别号：91370101832252116 地址、电话：蓬海市观海路20号0532-23452760 开户行及账号：工商银行观海路分理处12071358775	备注			蓬海橡胶厂 91370101832252116 发票专用章		

收款人：刘大为 复核：肖玲玲 开票人：王定 销售方：（章）

第二联：抵扣联 购买方抵扣凭证

背面

附加信息	被背书人：	被背书人：	（贴粘单处）	根据《中华人民共和国票据法》等法律法规的规定，签发空头支票由中国人民银行处以票面金额 5% 但不低于 1000元 的罚款。
	背书人签章 年 月 日	背书人签章 年 月 日		

烟台证券印制有限公司·2019年印制

凭证2-3-3

3700203130 山东增值税专用发票 No 01360155 3700203130 01360155

发票联

开票日期：2020年12月03日

购买方	名　　称：烟台中州轮胎有限公司 纳税人识别号：91370682543570123L 地址、电话：烟台市高新区港东大街101号0535-69151290 开户行及账号：中国农业银行港东支行15432600460014266			密码区	1<6<6>**580331/373>67<599<< ++8+505>4-<+>/0<38+70/420/> 09>>+-*93+>6401/3/4541*2<-3 -*2+88++5/320+6+*<2<>0+19<7		
货物或应税劳务、服务名称	规格型号	单位	数量	单价	金额	税率	税额
*合成橡胶*橡胶		吨	5	10 200.00	51 000.00	13%	6 630.00
*炭黑*炭黑		吨	2	3 550.00	7 100.00	13%	923.00
合　　计					58 100.00		7 553.00
价税合计（大写）	⊗陆万伍仟陆佰伍拾叁圆整				（小写）¥65 653.00		
销售方	名　　称：蓬海橡胶厂 纳税人识别号：91370101832252116 地址、电话：蓬海市观海路20号0532-23452760 开户行及账号：工商银行观海路分理处12071358775			备注	蓬海橡胶厂 91370101832252116 发票专用章		

收款人：刘大为　　复核：肖玲玲　　开票人：王定　　销售方：（章）

第三联：发票联　购买方记账凭证

凭证 2-3-4

入　库　单　　No. R12001

发货单位：蓬海橡胶厂　　2020年12月03日

材料名称	规格	单位	数量		单价	金额	运杂费	总价
			凭证	实收				
橡胶		吨	5	5	10 200.00	51 000.00	-	51 000.00
炭黑		吨	2	2	3 550.00	7 100.00	-	7 100.00
合　计						58 100.00	-	58 100.00

记账联

仓库主管：韩爱萌　　会计：赵燕　　仓库验收：张忠诚　　采购员：杨辉

凭证 2-4

领　料　单　　No. 12003

领料部门：生产车间　　2020年12月05日

领料用途：生产A型内胎

材料名称	规格	单位	数量		成本	
			请领	实发	单价	总价
炭黑		吨	1	1		
填充剂		吨	0.5	0.5		
合　计						

第二联：记账联

车间主管：王城　　会计：赵燕　　发料人：张忠诚　　领料人：张三

凭证 2-5-1

领　料　单　　No. 12004

领料部门：蒸汽车间　　2020年12月06日

领料用途：生产耗用

材料名称	规格	单位	数量		成本	
			请领	实发	单价	总价
煤		吨	2	2		
合　计						

第二联：记账联

车间主管：赵一霖　　会计：赵燕　　发料人：张忠诚　　领料人：赵宁

凭证 2-5-2

领　料　单

No.　12005

领料部门：供电车间　2020年12月06日

领料用途：生产耗用

材料名称	规格	单位	数量		成本	
			请领	实发	单价	总价
煤		吨	3	3		
合　计						

第二联：记账联

车间主管：王彤彤　会计：赵燕　发料人：张忠诚　领料人：李贤

凭证 2-5-3

领　料　单

No.　12006

领料部门：生产车间　2020年12月06日

领料用途：一般耗用

材料名称	规格	单位	数量		成本	
			请领	实发	单价	总价
煤		吨	1.5	1.5		
合　计						

第二联：记账联

车间主管：王城　会计：赵燕　发料人：张忠诚　领料人：张三

凭证 2-6

领　料　单

No.　12007

领料部门：生产车间　2020年12月07日

领料用途：生产B型内胎

材料名称	规格	单位	数量		成本	
			请领	实发	单价	总价
炭黑		吨	1	1		
填充剂		吨	0.5	0.5		
合　计						

第二联：记账联

车间主管：王城　会计：赵燕　发料人：张忠诚　领料人：张三

凭证 2-7-1

中国农业银行 转账支票存根 10303720 00154522	中国农业银行 转账支票 10303720 00154522
附加信息	出票日期（大写） 贰零贰零年壹拾贰月零捌日 付款行名称：港东支行
	收款人：晨光办公商贸公司 出票人账号：15432600460014266
	人民币（大写） 贰仟玖佰陆拾贰元整 ¥ 2 9 6 2 0 0
出票日期 2020 年 12 月 08 日	用途 购办公用品 密码 1208 6089 8291 0034
收款人：晨光办公商贸公司	上列款项请从我账户内支付 行号 6228480268329398212
金额：¥2 962.00	出票人签章 张光晓印
用途：办公用品	复核 记账
单位主管 张晓光 会计 李娜	本支票付款期限自出票之日起十天

烟台证券印制有限公司·2019年印制

凭证 2-7-2

山东增值税电子普通发票

发票代码：037002000111
发票号码：36702540
开票日期：2020年12月08日
校验码：23422 17637 23749 23881

购买方	名称：烟台中州轮胎有限公司 纳税人识别号：91370682543570123L 地址、电话：烟台市高新区港东大街101号0535-69151290 开户行及账号：中国农业银行港东支行15432600460014266	密码区	1<6<6>**580331/373>67<599<< ++8+505>4-<+>/0<38+70/420/> 09>>+-*93+>6401/3/4541*2<-3 -*2+88++5/320+6+*<2<>0+19<7

货物或应税劳务、服务名称	规格型号	单位	数量	单价	金额	税率	税额
*纸制文具及办公用品*办公用品费			1	2 717.43	2 717.43	9%	244.57
合计					2 717.43		244.57
价税合计（大写）	⊗贰仟玖佰陆拾贰圆整				（小写）¥2 962.00		

销售方	名称：晨光办公商贸公司 纳税人识别号：913706823435600012 地址、电话：烟台市海港路26号0535-72828380 开户行及账号：中国银行海港路分理处12078652138	备注	晨光办公商贸公司 913706823435600012 发票专用章

收款人：赵杰　　复核：肖森　　开票人：王秋秋　　销售方：（章）

附加信息	被背书人：	被背书人：	（贴粘单处）	根据《中华人民共和国票据法》等法律法规的规定，签发空头支票由中国人民银行处以票面金额 5% 但不低于 1000元 的罚款。
	背书人签章 年　月　日	背书人签章 年　月　日		

烟台证券印制有限公司 • 2019年印制

凭证 2-8

领　　料　　单

No.　12008

领料部门：生产车间　　2020年12月08日

领料用途：生产B型内胎

材料名称	规格	单位	数量		成本	
			请领	实发	单价	总价
橡胶		吨	0.5	0.5		
合　计						

第二联：记账联

车间主管：王城　　会计：赵燕　　发料人：张忠诚　　领料人：张三

凭证 2-9-1

出 差 申 请 单

No.：A20201201

2020年12月8日

出差单位	销售部	出差人	程方圆	职务	销售员	出差地点	莱阳
						出差时间	2天
出差事由	与商场洽谈销售事宜			经费预算金额（大写）		壹仟元整	
部门负责人批示	同意			出差人签章		程方圆	其他事项：无
部门负责人签章	田一			财务负责人审核意见		同意　李娜	

凭证 2-9-2

差旅费报销单

日期： 2020年12月10日

出差人姓名		程方圆		所属部门	销售部		
出差地点		莱阳		起止日期	自12月8日至12月9日，共2天		
出差事由	与商场洽谈销售事宜。						
交通及住宿费	种类	单据张数	开支金额	核准金额	出差补助费	种类	天数	标准	金额
	城市间交通费	4	600.00	600.00		伙食补贴	2	60.00	120.00
	住　宿　费	1	100.00	100.00		公杂补贴	2	50.00	100.00
	小　　计		700.00	700.00		小计			220.00
金额合计	（大写）玖佰贰拾元整 现金付讫 ￥920元								
报销结算情况	原出差借款	￥0.00			报销金额	￥920.00			
	退回金额	0.00			补发金额	￥920.00			

经办人：程方圆　部门经理：田一　财务经理：李娜　总经理：张晓光　出纳：李静

凭证 2-10

领　料　单

No. 12009

领料部门：生产车间　2020年12月11日

领料用途：生产产品领用

材料名称	规格	单位	数量		成本	
			请领	实发	单价	总价
帘子布		吨	1	1		
合　计						

第二联：记账联

车间主管：王城　会计：赵燕　发料人：张忠诚　领料人：张三

凭证 2-11

领　料　单

No. 12010

领料部门：蒸汽车间　2020年12月11日

领料用途：一般耗用

材料名称	规格	单位	数量		成本	
			请领	实发	单价	总价
劳保手套		副	100	100		
合　计						

第二联：记账联

车间主管：赵一霖　会计：赵燕　发料人：张忠诚　领料人：赵宁

凭证 2-12

领　　料　　单

No.　12011

领料部门：供电车间　　2020年12月12日

领料用途：一般耗用

材料名称	规格	单位	数量		成本	
			请领	实发	单价	总价
工作服		套	100	100		
合　计						

第二联：记账联

车间主管：王彤彤　　会计：赵燕　　发料人：张忠诚　　领料人：李贤

凭证 2-13

领　　料　　单

No.　12012

领料部门：生产车间　　2020年12月17日

领料用途：生产产品领用

材料名称	规格	单位	数量		成本	
			请领	实发	单价	总价
嘴子（A型）		个	200	200		
嘴子（B型）		个	100	100		
合　计						

第二联：记账联

车间主管：王城　　会计：赵燕　　发料人：张忠诚　　领料人：张三

凭证 2-14-1

3700203130　　山东增值税专用发票　　No 07821224　3700203130　07821224

抵扣联

开票日期：2020年12月20日

购买方	名　　称：烟台中州轮胎有限公司 纳税人识别号：91370682543570123L 地 址、电 话：烟台市高新区港东大街101号0535-69151290 开户行及账号：中国农业银行港东支行15432600460014266				密码区	1<6<6>**580331/373>67<599<< ++8+505>4-<+>/0<38+70/420/> 09>>+-*93+>6401/3/4541*2<-3 -*2+88++5/320+6+*<2<>0+19<7		
货物或应税劳务、服务名称	规格型号	单位	数　量	单　价	金　额	税 率	税　额	
*帘子布		吨	3	12 500.00	37 500.00	13%	4 875.00	
合　　计					37 500.00		4 875.00	
价税合计（大写）	⊗肆万贰仟叁佰柒拾伍圆整				（小写）¥42 375.00			
销售方	名　　称：海滨市新玛特工业布厂 纳税人识别号：91370101532242007 地 址、电 话：海滨市沿海路11号0533-76572110 开户行及账号：工商银行沿海路分理处12061357884				备注	91370101532242007 发票专用章		

收款人：刘斌　　复核：张婷婷　　开票人：韩磊　　销售方：（章）

第二联：抵扣联　购买方抵扣凭证

凭证 2-14-2

3700203130　　山东增值税专用发票　　No 07821224　3700203130　07821224

发票联

开票日期：2020年12月20日

购买方	名　　称：烟台中州轮胎有限公司 纳税人识别号：91370682543570123L 地 址、电 话：烟台市高新区港东大街101号0535-69151290 开户行及账号：中国农业银行港东支行15432600460014266				密码区	1<6<6>**580331/373>67<599<< ++8+505>4-<+>/0<38+70/420/> 09>>+-*93+>6401/3/4541*2<-3 -*2+88++5/320+6+*<2<>0+19<7		
货物或应税劳务、服务名称	规格型号	单位	数　量	单　价	金　额	税 率	税　额	
*帘子布		吨	3	12 500.00	37 500.00	13%	4 875.00	
合　　计					37 500.00		4 875.00	
价税合计（大写）	⊗肆万贰仟叁佰柒拾伍圆整				（小写）¥42 375.00			
销售方	名　　称：海滨市新玛特工业布厂 纳税人识别号：91370101532242007 地 址、电 话：海滨市沿海路11号0533-76572110 开户行及账号：工商银行沿海路分理处12061357884				备注	91370101532242007 发票专用章		

收款人：刘斌　　复核：张婷婷　　开票人：韩磊　　销售方：（章）

第三联：发票联　购买方记账凭证

凭证 2-14-3

入　　库　　单

No.　R12002

发货单位：海滨市新玛特工业布厂　　　　2020年12月20日

材料名称	规格	单位	数量		单价	金额	运杂费	总价
			凭证	实收				
帘子布		吨	3	3	12 500.00	37 500.00	-	37 500.00
合　计						37 500.00	-	37 500.00

记账联

仓库主管：韩爱菊　　会计：赵燕　　仓库验收：张忠诚　　采购员：杨辉

凭证 2-15-1

中国农业银行
转账支票存根
10303720
00154523
附加信息

出票日期 2020 年 12 月 22 日
收款人：海滨百货公司
金额：￥1 200.00
用途：购劳保用品
单位主管 张晓光 会计 李娜

烟台证券印制有限公司・2019年印制

中国农业银行　转账支票　10303720　00154523

出票日期（大写）　贰零贰零年壹拾贰月贰拾贰日　　付款行名称：港东支行

收款人：海滨百货公司　　出票人账号：15432600460014266

付款期限自出票之日起十天

人民币（大写）	壹仟贰佰元整	亿	千	百	十	万	千	百	十	元	角	分
						￥	1	2	0	0	0	0

用途 购劳保用品　　密码 1191 3230 4267 1002

上列款项请从　　行号 102451011524

我账户内支付

出票人签章　　复核　　记账

烟台中州轮胎有限公司 财务专用章　　张光晓印

附加信息	被背书人：	被背书人：
	背书人签章 年　月　日	背书人签章 年　月　日

（贴粘单处）

根据《中华人民共和国票据法》等法律法规的规定，签发空头支票由中国人民银行处以票面金额 5% 但不低于 1000元 的罚款。

烟台证券印制有限公司・2019年印制

凭证 2-15-2

山东增值税电子普通发票

发票代码：037002000111
发票号码：36701382
开票日期：2020年12月22日
校验码：23422 17637 23749 23881

购买方	名　　称：烟台中州轮胎有限公司 纳税人识别号：91370682543570123L 地 址、电 话：烟台市高新区港东大街101号0535-69151290 开户行及账号：中国农业银行港东支行15432600460014266	密码区	1<6<6>**580331/373>67<599<< ++8+505>4-<+>/0<38+70/420/> 09>>+-*93+>6401/3/4541*2<-3 -*2+88++5/320+6+*<2<>0+19<7

货物或应税劳务、服务名称	规格型号	单位	数量	单价	金额	税率	税额
*靴鞋零件、护腿及类似品*劳保用品费			1	1 061.95	1 061.95	13%	138.05
合　　计					1 061.95		138.05
价税合计（大写）	⊗壹仟贰佰圆整				（小写）¥1 200.00		

销售方	名　　称：海滨百货公司 纳税人识别号：9137010122875213H 地 址、电 话：滨海市滨海路26号0535-72925670 开户行及账号：中国银行滨海路分理处12078652156	备注	9137010122875213H 发票专用章

收款人：赵杰　　复核：肖森　　开票人：王秋秋　　销售方：（章）

凭证 2-15-3

中国农业银行 转账支票存根	中国农业银行 转账支票
10303720 00154524	10303720 00154524
附加信息	出票日期（大写）贰零贰零年壹拾贰月贰拾贰日　付款行名称：港东支行
	收款人：海滨出版社　出票人账号：15432600460014266
	人民币（大写）壹仟元整　¥100000
出票日期 2020 年 12 月 22 日	用途 报刊费　密码 3278 6009 8013 5123
收款人：海滨出版社	上列款项请从我账户内支付　行号 15432600123435166
金额：¥1 000.00	出票人签章　张晓光印
用途：报刊费	复核　记账
单位主管 张晓光　会计 李娜	付款期限自出票之日起十天

烟台证券印制有限公司·2019年印制

烟台证券印制有限公司·2019年印制

附加信息	被背书人：	被背书人：
	背书人签章 年　月　日	背书人签章 年　月　日

（贴粘单处）

根据《中华人民共和国票据法》等法律法规的规定，签发空头支票由中国人民银行处以票面金额 5% 但不低于 1000元 的罚款。

凭证 2-15-4

3700203130　　山东增值税专用发票　　No 01983220　3700203130 01983220

发票联

开票日期：2020年12月22日

购买方	名　　称：烟台中州轮胎有限公司 纳税人识别号：91370682543570123L 地址、电话：烟台市高新区港东大街101号0535-69151290 开户行及账号：中国农业银行港东支行15432600460014266	密码区	1<6<6>**580331/373>67<599<< ++8+505>4-<+>/0<38+70/420/> 09>>+-*93+>6401/3/4541*2<-3 -*2+88++5/320+6+*<2<>0+19<7

货物或应税劳务、服务名称	规格型号	单位	数量	单价	金额	税率	税额
*有刊号图书、报纸、期刊类印刷品*报刊费			1	917.43	917.43	9%	82.57
合　计					917.43		82.57
价税合计（大写）	⊗壹仟圆整				（小写）¥1 000.00		

销售方	名　　称：海滨出版社 纳税人识别号：9137010100121012J 地址、电话：滨海市历山路26号0533-65362720 开户行及账号：建设银行历山路支行12000150023	备注	海滨出版社 9137010100121012J 发票专用章

收款人：刘东方　　复核：钱小梦　　开票人：陈二　　销售方：（章）

第三联：发票联　购买方记账凭证

凭证 2-15-5

3700203130　　**山东增值税专用发票**　　No 01983220　　3700203130 01983220

抵扣联

开票日期：2020年12月22日

购买方	名　　称：烟台中州轮胎有限公司 纳税人识别号：91370682543570123L 地 址、电 话：烟台市高新区港东大街101号0535-69151290 开户行及账号：中国农业银行港东支行15432600460014266	密码区	1<6<6>**580331/373>67<599<< ++8+505>4-<+>/0<38+70/420/> 09>>+-*93+>6401/3/4541*2<-3 -*2+88++5/320+6+*<2<>0+19<7

货物或应税劳务、服务名称	规格型号	单位	数量	单价	金额	税率	税额
*有刊号图书、报纸、期刊类印刷品*报刊费			1	917.43	917.43	9%	82.57
合计					917.43		82.57
价税合计（大写）	⊗壹仟圆整				（小写）¥1 000.00		

销售方	名　　称：海滨出版社 纳税人识别号：9137010100121012J 地 址、电 话：滨海市历山路26号0533-65362720 开户行及账号：建设银行历山路支行12000150023	备注	海滨出版社 9137010100121012J 发票专用章

收款人：刘东方　　复核：钱小梦　　开票人：陈二　　销售方：（章）

第二联：抵扣联　购买方抵扣凭证

凭证 2-16-1

出差申请单

No.：A20201202

2020年12月22日

出差单位	管理部	出差人	刘晶	职务	行政人员	出差地点	济南
						出差时间	3天
出差事由	参加产品展览会			经费预算金额（大写）		贰仟元整	
部门负责人批示	同意			出差人签章		刘晶	其他事项：无
部门负责人签章	张晓光			财务负责人审核意见		同意　李娜	

凭证 2-16-2

差旅费报销单

日期： 2020年12月25日

出差人姓名	刘晶			所属部门	管理部			
出差地点	济南			起止日期	自12月22日至12月24日，共3天			
出差事由	参加产品展览会							
交通及住宿费	种类	单据张数	开支金额	核准金额	出差补助费	种类	天数	标准	金额
	城市间交通费	4	798.00	798.00		伙食补贴	3	60.00	180.00
	住宿费	2	600.00	600.00		公杂补贴	3	50.00	150.00
	小计		1 398.00	1 398.00		小计			330.00
金额合计	（大写）壹仟柒佰贰拾捌元整							¥1728元	
报销结算情况	原出差借款	¥0.00			报销金额	¥1,728.00			
	退回金额	0.00			补发金额	¥1,728.00			

付讫

经办人：刘晶　　部门经理：张晓光　　财务经理：李娜　　总经理：张晓光　　出纳：李静

凭证 2-16-3

中国农业银行

现金支票存根

10303710
00154248

附加信息

出票日期 2020 年 12 月 25 日

收款人： 刘晶

金额： ¥1 728.00

用途： 报销款

单位主管 张晓光 会计 李娜

烟台证券印制有限公司·2019年印制

中国农业银行 现金支票 10303710 00154248

出票日期(大写) 贰零贰零年壹拾贰月贰拾伍日 付款行名称：港东支行

收款人：刘晶 出票人账号：15432600460014266

付款期限自出票之日起十天

人民币（大写）	壹仟柒佰贰拾捌元整	亿	千	百	十	万	千	百	十	元	角	分
						¥	1	7	2	8	0	0

用途 报销款

上列款项请从

我账户内支付

出票人签章

密码 1435 6009 1009 3535

复核 记账

（烟台中州轮胎有限公司 财务专用章；张晓光印）

附加信息

收款人签章

年 月 日

身份证件名称： 发证机关：

号码

（贴粘单处）

根据《中华人民共和国票据法》等法律法规的规定，签发空头支票由中国人民银行处以票面金额 5% 但不低于 1000元 的罚款。

烟台证券印制有限公司·2019年印制

凭证 2-17

内　部　交　库　单　　No.　N12001

发货单位：生产车间完工　　2020年12月28日

材料名称	规格	单位	数量		单价	金额	运杂费	总价
			凭证	实收				
A型内胎		个	200	200				
B型内胎		个	200	200				
合　计								

记账联

仓库主管：韩爱菊　会计：赵燕　仓库验收：张忠诚　交库人：王城

凭证 2-18

烟台中州轮胎有限公司存货计价表

2020年12月　　金额单位：元

材料类别	品种	单位	期初结存			本月收入			平均单价
			数量	单价	金额	数量	单价	金额	
原料及主要材料	橡胶	吨							
	填充剂	吨							
	炭黑	吨							
	帘子布	吨							
	嘴子	个							
辅助材料	机油	升							
	汽油	升							
周转材料	工作服	套							
	手套	副							
燃料	煤	吨							

复核：　　制单：

凭证 2-19

烟台中州轮胎有限公司材料领用汇总表

2020 年 12 月

材料类别 \ 受益单位			生产车间			蒸汽车间	供电车间	合计
			A型内胎用	B型内胎用	一般耗用			
原料及主要材料	橡胶	数量（吨）						
		金额（元）						
	填充剂	数量（吨）						
		金额（元）						
	炭黑	数量（吨）						
		金额（元）						
	帘子布	数量（吨）						
		金额（元）						
	嘴子	数量（个）						
		金额（元）						
周转材料和辅助材料	汽油	数量（升）						
		金额（元）						
	机油	数量（升）						
		金额（套）						
	工作服	数量（ ）						
		金额（元）						
	手套	数量（副）						
		金额（元）						
燃料	煤	数量（吨）						
		金额（元）						
合计（元）								

复核： 制单：

凭证 2-20-1

烟台中州轮胎有限公司职工薪酬汇总表

2020年12月　　　　单位：元

部门	职位	人员	应付工资				应付其他薪酬				合计
			基本工资	津贴	奖金	合计	福利费（14%）	保险金（4%）	住房公积金（5%）	合计	
生产车间	车间管理	王城	3 500	1 200	800	5 500	770	220	275	1 265	6 765
生产车间	工人	张三等	48 000	4 000	6 000	58 000	8 120	2 320	2 900	13 340	71 340
蒸汽车间	工人等	赵一霖等	8 000	2 000	600	10 600	1 484	424	530	2 438	13 038
供电车间	工人等	王彤彤等	12 000	3 000	500	15 500	2 170	620	775	3 565	19 065
厂部管理	厂长	张晓光	6 500	2 000	3 000	11 500	1 610	460	575	2 645	14 145
厂部管理	行政人员	刘晶	3 000	1 200	600	4 800	672	192	240	1 104	5 904
库管部	库管员	韩爱菊等	6 000	2 000	2 000	10 000	1 400	400	500	2 300	12 300
销售部	经理	田一	3 500	1 800	2 000	7 300	1 022	292	365	1 679	8 979
销售部	销售员	程方圆	2 500	1 600	2 500	6 600	924	264	330	1 518	8 118
财务部	主管	李娜	3 000	2 000	800	5 800	812	232	290	1 334	7 134
财务部	会计	赵燕	2 000	500	600	3 100	434	124	155	713	3 813
财务部	出纳	李静	1 500	500	600	2 600	364	104	130	598	3 198
合计			99 500	21 800	20 000	141 300	19 782	5 652	7 065	32 499	173 799

财务负责人：李娜　　　　复核：李娜　　　　制单：赵燕

凭证 2-20-2

烟台中州轮胎有限公司职工薪酬分配表

2020年12月　　　　单位：元

车间名称	产品名称	生产工时	分配率	应分配薪酬费用
生产车间	A型内胎			
	B型内胎			
合计				

复核:　　　　制单:

凭证 2-21

烟台中州轮胎有限公司折旧计提单

2020年12月　　　　单位：元

使用部门	固定资产项目	固定资产原值	月折旧率	本月应计提折旧额
生产车间	建筑物	7 000 000	0.50%	
	机器设备	4 500 000	1.50%	
	小计	11 500 000		
蒸汽车间	建筑物	200 000	0.50%	
	办公设备	300 000	1.50%	
	小计	500 000		
供电车间	建筑物	200 000	0.50%	
	办公设备	300 000	1.50%	
	小计	500 000		
管理部	建筑物	5 000 000	0.50%	
	办公设备	300 000	1.50%	
	小计	5 300 000		
销售部	建筑物	6 000 000	0.50%	
	办公设备	300 000	1.50%	
	小计	6 300 000		
合计				

复核：　　　　制单：

凭证 2-22-1

辅助生产费用受益情况

2020年12月

受益对象（生产单位和部门）	蒸汽耗量（吨）	提供电量（千瓦时）
蒸汽车间		3 000
供电车间	3	
生产车间	55	24 657
管理部		3 000
销售部		3 308
合计	58	33 965

凭证 2-22-2

辅助生产成本分配表

2020年12月　　　　金额单位：元

项目	分配蒸汽费		分配电费	
	数量（吨）	金额	数量（千瓦时）	金额
待分配费用				
劳务供应总量				
费用分配率				
受益对象				
生产车间				
管理部				
销售部				
合计				

复核：　　　　制单：

凭证 2-23

制 造 费 用 分 配 表

2020年12月　　金额单位：元

车间	产品	实际工时（小时）	分配金额
生产车间	A型内胎		
	B型内胎		
	合计		

复核：　　制单：

凭证 2-24-1

产品成本计算单

车间：生产车间　　2020年12月31日

产品：A型内胎　　单位：元

摘　　要	直接材料	直接人工	制造费用	合计
月初在产品成本				
本月费用				
合计				
完工产品成本				
月末在产品成本				

复核：　　制单：

凭证 2-24-2

产品成本计算单

车间：生产车间　　2020年12月31日

产品：B型内胎　　单位：元

摘　　要	直接材料	直接人工	制造费用	合计
月初在产品成本				
本月费用				
合计				
完工产品成本				
月末在产品成本				

复核：　　制单：

第三章 分批法

第一节 企业经济类型及生产特点

赛杰五金厂是山东省烟台市分批生产小型柜门拉手的民营企业，公司位于烟台市高新区青年路，注册资本200万元，该厂系增值税小规模纳税人。该厂生产的产品主要针对建筑、装饰公司及家具厂对于特定柜门拉手的需要，产品品种较多，且产品具有定制化的特点。企业设有一个基本生产车间，主要负责对柜门拉手的生产；一个辅助生产部门——运输队，主要负责企业各种运输服务。企业还设有一个仓库存放各种原料、产成品等。企业的基本信息如下：

名称：赛杰五金厂

开户银行及账号：工商银行烟台青年路支行 1606021909223453502

纳税人识别号：9137066283451035178

地址、电话：烟台市高新区青年路27号 0535-69151209

企业由于产品品种众多，产品的类别和性质与订单的要求关系较大，决定使用分批法进行产品成本的核算。企业主要的生产管理流程为：接到销售订单后，由厂部管理人员下达生产指令并拟定生产批号，生产部门按照生产批号去仓库领用原料，仓库人员根据生产批号发放材料，会计人员根据生产批号进行成本核算。企业的生产管理流程如图3-1所示。

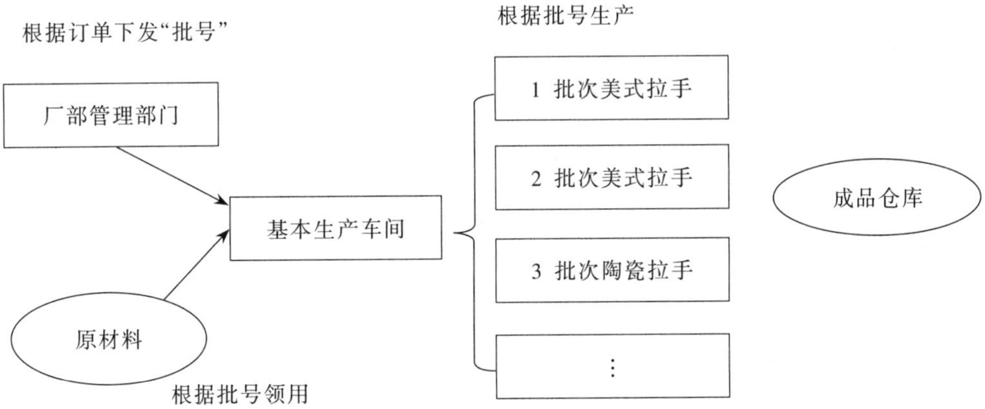

图3-1 赛杰五金厂生产管理流程图

第二节　企业财务核算制度及说明

一、存货核算

（1）材料存货日常核算采用实际成本法计价。材料的成本由全月一次加权平均法进行核算，发出材料的成本于月末统一编制“领料凭证汇总表”汇总计算，并于月末一次结转。

（2）企业辅助材料包括手喷漆等，采用一次摊销法进行核算。

（3）企业的完工产成品使用“库存商品”科目核算，按实际成本法计价，使用全月一次加权平均法计算。

二、产品成本核算方法

（1）企业生产采用分批法进行产品成本核算，成本核算的对象为“批别”，故生产成本明细账按照“批号”设置，一个批号设置一个。

（2）企业成本核算设置的成本项目有：直接材料、直接人工和制造费用。

（3）企业的运输队仅设置“辅助生产成本”明细账核算，不设置“制造费用”明细账核算，提供劳务发生的间接费用记入“辅助生产成本”科目。运输队发生的费用按照实际成本法在各受益部门之间进行分配。

（4）月末产品存在跨月陆续完工的情况时，需要在完工产品和在产品之间分配费用，根据具体情况选择，如果批内产品跨月陆续完工情况不多，月末完工产品数量占比较小（50%以下），则按照该产品的本年计划单位成本计算完工产品成本；如果批内产品陆续完工的情况较多，月末完工产品数量占比较大（50%及以上），则采用约当产量法进行分配。产品生产的材料均在生产开始时一次性投入，且月末在产品完工程度均为50%。

第三节　核算资料

一、期初资料

赛杰五金厂的相关期初资料见表3-1、表3-2。

表3-1　**赛杰五金厂材料结存表**

2020年12月

材料类别	品种	计量单位	数量	单价	金额（元）
原料及主要材料	3#锌合金锭	6kg/个	2 000	16.00	32 000.00
	陶瓷圈1#	个	8 000	0.90	7 200.00
周转材料	600G纱手套	包	50	10.00	500.00
	手喷漆（黑白）	桶	100	12.00	1 200.00
	自封袋（20×28）	100个/袋	3 000	8.00	24 000.00
	切割片	个	3	450.00	1 350.00
	稀释剂	桶	50	25.00	1 250.00

表 3-2　　赛杰五金厂基本生产车间在产品成本表

2020年12月　　单位：元

批号＼项目	直接材料	直接人工	制造费用	合计
20201125	5 000.00	3 000.00	6 000.00	14 000.00
20201130	3 000.00	1 000.00	1 500.00	5 500.00

二、生产资料

赛杰五金厂的生产工时资料见表3-3：

表 3-3　　赛杰五金厂基本生产车间生产工时单

2020年12月　　单位：小时

批号	生产工时
20201125	1 000
20201130	1 500
20201203	1 000
20201215	2 000
20201227	500
合计	6 000

三、比较资料

赛杰五金厂的主要产品相关比较资料见表3-4、表3-5。

其中1—11月美式拉手的产量为275 000件，陶瓷拉手的产量为160 000件。

表 3-4　　美式拉手单位成本资料　　单位：元/件

成本项目	历史先进水平	上年实际平均	本年计划	本年1—11月实际
直接材料	0.10	0.17	0.16	0.16
直接人工	1.00	1.60	1.30	1.40
制造费用	2.60	3.20	3.00	3.10
产品成本合计	3.70	4.97	4.46	4.66
主要技术经济指标（单位：个/件）	耗用量	耗用量	耗用量	耗用量
1.3#锌合金锭	0.0090	0.0980	0.0100	0.0100

四、12月份发生的经济业务

赛杰五金厂2020年12月份发生的经济业务如下：

（1）1日，基本生产车间为生产20201125批号美式拉手10 000件，领用3#锌合金锭50个，为生产20201130批号陶瓷拉手8 000件，领用3#锌合金锭40个、陶瓷圈1#4 000个。（凭证3-1-1、凭证3-1-2）

表 3-5　**陶瓷拉手单位成本资料**　单位：元/件

成本项目	历史先进水平	上年实际平均	本年计划	本年1—11月实际
直接材料	1.10	1.30	1.20	1.20
直接人工	0.80	1.20	1.00	1.10
制造费用	3.20	3.50	3.50	3.70
产品成本合计	5.10	6.00	5.70	6.00
主要技术经济指标（单位：个/件）	耗用量	耗用量	耗用量	耗用量
1.3#锌合金锭	0.0090	0.0980	0.0100	0.0100
2.陶瓷圈1#	1.1000	1.2000	1.1000	1.1000

（2）3日，厂部管理部门根据咸丰家具公司销售订单的要求，下发20201203批号，生产美式拉手10 000件，同日车间领用3#锌合金锭100个。（凭证3-2）

（3）4日，基本生产车间领用手喷漆（黑白）、稀释剂等低值易耗品一批。（凭证3-3）

（4）8日，采购员王廷民采购入库材料一批，收到增值税专用发票，货款已付讫。（凭证3-4-1、凭证3-4-2、凭证3-4-3、凭证3-4-4）

（5）10日，销售员陆逊上周出差与楚山设计公司商谈销售事宜，根据报销单据进行费用报销，以现金付讫。（凭证3-5-1、凭证3-5-2）

（6）11日，用现金支付基本生产车间劳保费用，厂部管理部门文本费、报刊费等。（凭证3-6-1、凭证3-6-2、凭证3-6-3）

（7）15日，厂部管理部门根据工业机械公司订单的要求，下发20201215批号，生产美式拉手50 000件。同日，基本生产车间领用材料，3#锌合金锭500个。（凭证3-7）

（8）16日，基本生产车间20201125批号、20201203批号完工，根据入库单交仓库存放，通过"库存商品"科目进行核算。（凭证3-8）

（9）20日，运输队报销运输汽油费用600元，过路费100元，以现金付讫。（凭证3-9）

（10）21日，用现金支票支付修理个体户杨胜利修理费用于基本生产车间机器设备修理。（凭证3-10-1、凭证3-10-2）

（11）27日，厂部管理部门根据裕丰装饰销售订单的要求，下发20201227批号，生产陶瓷拉手3 000件，同日车间领用3#锌合金锭30个，陶瓷圈1# 3 000个。（凭证3-11）

（12）27日，基本生产车间、运输队领用手喷漆（黑白）、稀释剂、切割片等周转材料一批。（凭证3-12-1、凭证3-12-2、凭证3-12-3）

（13）28日，基本生产车间20201215批号完工5 000件，根据入库单交仓库存放，通过"库存商品"科目进行核算。（凭证3-13）

（14）31日，采用全月一次加权平均法计算材料的成本，填写"存货计价表"，并计算平均单价。（凭证3-14）

（15）31日，汇总本月仓库的领料单，编制"材料领用汇总表"，并做账务处理。（凭

证 3–15）

（16）31 日，根据本月“职工薪酬汇总表”，分配并结转各步骤产品的薪酬费用，填写“职工薪酬分配表”，并做账务处理。（凭证 3–16–1、凭证 3–16–2）

（17）31 日，计提各车间、部门固定资产折旧费。（凭证 3–17）

（18）31 日，按照实际耗用量标准分配本月发生的水电费，贷方为“应付账款”科目。由于月末该月水电费单据未到，采用暂估方法核算水电费，根据山东省工业用水、电标准，水费以 4.9 元每吨暂估，电费以 0.92 元每千瓦时暂估。（凭证 3–18）

（19）31 日，根据运输队提供劳务情况，分配辅助生产车间的费用，并做账务处理。（凭证 3–19）

（20）31 日，分配基本生产车间的制造费用并做账务处理。（凭证 3–20）

（21）31 日，分配基本生产车间的产成品的生产成本，并做账务处理。（凭证 3–21–1、凭证 3–21–2、凭证 3–21–3、凭证 3–21–4、凭证 3–21–5）

（22）31 日，编制成本报表。（见表 5–4、表 5–5、表 5–6）

第四节　业务指导

业务指导有“业务分析”“实务演练”“操作提示”“答案参考”等内容。其中，“业务分析”对该笔经济业务的内容做分析和说明；“实务演练”特别针对一些原始凭证的特征和内容做阐述；“操作提示”对该笔经济业务的会计处理及原始凭证填制做指导和提示；“答案参考”不提供所有答案，仅对影响后续步骤的答案做提示，以便学生在实验过程中保证效率。

业务（1）1 日，基本生产车间为生产 20201125 批号美式拉手 10 000 件，领用 3#锌合金锭 50 个，为生产 20201130 批号陶瓷拉手 8 000 件，领用 3#锌合金锭 40 个、陶瓷圈 1# 4 000 个。

业务分析：根据领料单可以看出，基本生产车间 20201125 批号美式拉手成本增加，同时 3#锌合金锭减少，应记入“基本生产成本——20201125”。分批法的特点是按照批别设置“生产成本”明细账。

实务演练：了解领料单的填制过程及内容，领料单一般是三联式：

第一联：存根联，由车间主任开具并留存。

第二联：记账联，由会计记账使用。（在本实验中给出记账联）

第三联：仓库联，由车间人员交仓库领料，并由仓库保存。

操作提示：本实验的材料均采用实际成本法计价，在采用全月一次加权平均法计算材料费的情况下，暂时不能编写记账凭证，需要在月末进行原材料计价后，统一进行记账凭证的编制。

业务（2）3 日，厂部管理部门根据咸丰家具公司销售订单的要求，下发 20201203 批号，生产美式拉手 10 000 件，同日车间领用 3#锌合金锭 100 个。

业务分析：厂部管理部门下发批号，无须做会计处理，领用材料的处理同业务（1），应记入“基本生产成本——20201203”。

业务（3）4日，基本生产车间领用手喷漆（黑白）、稀释剂等低值易耗品一批。

业务分析：同业务（1）处理，应记入“制造费用”。

业务（4）8日，采购员王廷民采购入库材料一批，收到增值税专用发票，货款已付讫。

业务分析：根据转账支票、发票和入库单编制记账凭证。

实务演练：了解转账支票的填制方法和内容，剪切后留作存根的部分应作为记账依据。

了解采购发票的形式和内容，企业进行材料采购，收到的增值税专用发票有抵扣联和记账联，抵扣联用于增值税一般纳税人进行税额抵扣，记账联作为记账依据。

了解入库单的形式和内容，入库单一般是三联式：

第一联：存根联，由仓库开具并留存。

第二联：记账联，由采购人员交财务报销，会计记账使用。（在本实验中给出记账联）

第三联：仓库联，由仓库保存。

业务（5）10日，销售员陆逊上周出差与楚山设计公司商谈销售事宜，根据报销单据进行费用报销，以现金付讫。

业务分析：根据出差申请单、差旅费报销单编制记账凭证，注意实际发生与报销的金额为差旅费报销单上的金额。

业务（6）11日，用现金支付基本生产车间劳保费用，厂部管理部门文本费、报刊费等。

业务分析：根据转账支票、发票编制记账凭证，注意区分增值税普通发票和专用发票。

业务（7）15日，厂部管理部门根据工业机械公司订单的要求，下发20201215批号，生产美式拉手50 000件。同日，基本生产车间领用材料，3#锌合金锭500个。

业务分析：同业务（2），应记入“基本生产成本——20201215”。

业务（8）16日，基本生产车间20201125批号、20201203批号完工，根据入库单交仓库存放，通过“库存商品”科目进行核算。

操作提示：产成品入库的会计处理，由于只知道入库数量，并未核算产成品的成本，因此，该业务应在月末产品成本计算单核算之后，再进行记账凭证的编制。

业务（9）20日，运输队报销运输汽油费用600元，过路费100元，以现金付讫。

业务分析：了解报销单的内容和填制方法，并编制记账凭证。

业务（10）21日，用现金支票支付修理个体户杨胜利修理费用于基本生产车间机器设备修理。

业务分析：了解企业核算中，在无法取得发票的情况下，使用“收据”作为费用支出凭据，并补票的意义。在此只列示实际经济业务的收据。

业务（11）27日，厂部管理部门根据裕丰装饰销售订单的要求，下发20201227批号，生产陶瓷拉手3 000件，同日车间领用3#锌合金锭30个，陶瓷圈1# 3 000个。

业务（12）27日，基本生产车间、运输队领用手喷漆（黑白）、稀释剂、切割片等周转材料一批。

业务分析：以上两笔业务同业务（1）处理，应分别记入“基本生产成本——

20201227”“制造费用”。

业务（13）28日，基本生产车间20201215批号完工5 000件，根据入库单交仓库存放，通过“库存商品”科目进行核算。

业务分析：同业务（8）处理。

业务（14）31日，采用全月一次加权平均法计算材料的成本，填写“存货计价表”，并计算平均单价。

操作提示：不需要做会计分录。

根据全月一次加权平均法计算材料的全月平均单价，用以核算本月领用材料的成本。公式为：

$$某材料全月一次加权平均单价=\frac{月初某材料成本+本月收入某材料总成本}{月初某材料数量+本月收入某材料数量}$$

答案参考：根据全月一次加权平均法计算的材料单价，与月初有变化的3种材料的平均单价为：陶瓷圈1#为0.88元、手喷漆（黑白）为14元、稀释剂为27.5元。

业务（15）31日，汇总本月仓库的领料单，编制“材料领用汇总表”，并做账务处理。

操作提示：汇总前述业务中的“领料单”，编制“材料领用汇总表”。编制方法为：

横行表示领用的材料类别，竖列表示领用材料的受益部门，二者交叉的空格，填写受益部门领用该材料类别的内容——“数量”“金额”。

其中：“数量”根据领料单上列明的数量汇总填写；

“金额”根据该数量乘以“存货计价表”中的该材料平均单价而得。

答案参考：

该会计分录的借贷方科目和数据如下：

基本生产成本——20201125	800.00	
——20201130	4 160.00	
——20201203	1 600.00	
——20201215	8 000.00	
——20201227	3 120.00	
制造费用——基本生产车间	3 540.00	
辅助生产成本——运输队	10.00	
原材料		17 680.00
周转材料		3 550.00

业务（16）31日，根据本月“职工薪酬汇总表”，分配并结转各步骤产品的薪酬费用，填写“职工薪酬分配表”，并做账务处理。

操作提示：根据实验给出的“职工薪酬汇总表”，编写会计分录。注意：可以区分直接计入费用和间接计入费用。其中：基本生产车间的生产工人职工薪酬，是各批次产品共同耗用的直接生产费用，需要在各批次产品中进行分配后才能记入“基本生产成本——20201125”“基本生产成本——20201130”“基本生产成本——20201203”“基本生产成本——20201215”“基本生产成本——20201227”，故写入“职工薪酬分配表”时应根据各批次产品的实际工时（见表3-3）进行分配。

$$职工薪酬分配率=\frac{生产车间的工人职工薪酬}{各批次产品的实际工时之和}$$

答案参考：

该会计分录的借方科目和数据如下：

基本生产成本——20201125	5 535.00
——20201130	8 302.50
——20201203	5 535.00
——20201215	11 070.00
——20201227	2 767.50

业务（17）31日，计提各车间、部门固定资产折旧费。

操作提示："折旧计提单"每一行数据根据固定资产原值和月折旧率相乘而得。

业务（18）31日，按照实际耗用量标准分配本月发生的水电费，贷方为"应付账款"科目。由于月末该月水电费单据未到，采用暂估方法核算水电费，根据山东省工业用水、电标准，水费以4.9元每吨暂估，电费以0.92元每千瓦时暂估。

操作提示："水电费分配表"填制方法是各车间部门使用数量乘以给定的暂估单价填列。

业务（19）31日，根据运输队提供劳务情况，分配辅助生产车间的费用，并做账务处理。

业务分析：辅助生产费用分配的前提是辅助生产成本已经归集完毕。在实验过程中，将之前业务的记账凭证全部登记明细账，可得"辅助生产成本——运输队"。

操作提示：费用分配率采用直接分配法计算得出：

$$运输队费用分配率=\frac{待分配费用}{劳务供应总量}$$

答案参考：归集的运输队辅助生产成本为10 286元。

业务（20）31日，分配基本生产车间的制造费用并做账务处理。

操作提示：制造费用分配的前提是制造费用已经归集完毕。在实验过程中，将之前业务的记账凭证全部登记明细账，生产车间的制造费用合计金额根据制造费用明细账的借方余额填制。

各批次产品应分配的制造费用按照实际工时（见表3-3）比例进行分配。

$$制造费用分配率=\frac{生产车间的制造费用}{各批次产品的实际工时之和}$$

答案参考：

该会计分录的借方科目和数据如下：

基本生产成本——20201125	18 121.50
——20201130	27 182.25
——20201203	18 121.50
——20201215	36 243.00
——20201227	9 060.75

业务（21）31日，分配基本生产车间的产成品的生产成本，并做账务处理。

操作提示：分批法下，产品成本计算单根据批次一共5张，填制方法为：

“月初在产品成本”根据月初在产品资料（见表3-2）填列；

“本月费用——直接材料”根据“材料领用汇总表”填列；

“本月费用——直接人工”根据“职工薪酬分配表”填列；

“本月费用——制造费用”根据“制造费用分配表”填列；

以上可以在记账之后，直接通过“基本生产成本”明细账数据获得填列。

“完工产品成本”“月末在产品成本”的填制：

20201125批，上月投产，本月全部完工，合计费用即完工产品成本；

20201130批，上月投产，本月全部未完工，合计费用即在产品成本；

20201203批，本月投产，本月全部完工，合计费用即完工产品成本；

20201215批，本月投产，本月部分完工，需要将费用进行分配，此处由于陆续完工的数量较少，5 000件占该批次产品的小部分，直接使用全年计划成本计算填列“完工产品成本”，即表3-4中本年计划单位成本资料乘以5 000，结出月末在产品金额；

20201227批，本月投产，本月全部未完工，合计费用即在产品成本。

答案参考：

20201125批完工产品成本为44 700元，20201203批完工产品成本为43 378元，20201215批完工产品计划成本为22 300元。

业务（22）31日，编制成本报表。

操作提示：本实验成本报表需要编制“主要产品单位成本表”“全部产品成本报表”，填制方法为：

首先编制“主要产品单位成本表”，根据实验中有关企业的提示，填写“编制企业”“产品名称”“实际产量（本月）”“计量单位”“本年累计实际产量”内容。

根据相关比较资料（见表3-4，表3-5），填写“历史先进水平”“上年实际平均”“本年计划”的单位金额、经济技术指标数据。

“本月实际”单位成本，根据相关产品“产品成本计算单”中的完工产品成本除以数量计算填制。

“本年实际平均”单位成本，根据本月完工产品成本和1—11月完工产品成本加权计算填制：

$$本年实际单位成本=\frac{1—11月单位成本\times 1—11月产量+本月实际总成本}{1—11月产量+本月产量}$$

“本月实际”主要技术经济指标，根据本月投产产品的领料情况确定。

“本年实际平均”主要技术经济指标，根据本月实际主要技术经济指标和1—11月主要技术经济指标加权计算填制。

$$本年实际材料耗用=\frac{1—11月材料耗用\times 1—11月产量+本月实际总耗用}{1—11月产量+本月产量}$$

最后编制“全部产品成本表”，企业生产的各批次产品均为可比产品，即以前年度生产过的产品。填写在可比产品中“1.美式拉手”“2.陶瓷拉手”。

根据“主要产品单位成本表”填写“实际产量”“单位成本”两大列数据。

“本月总成本”以“实际产量——本月”与各“单位成本——上年实际平均、本年计划、本月实际”分别相乘填列。

“本年累计总成本”以“实际产量——本年累计”与各“单位成本——上年实际平均、本年计划、本年累计实际平均”分别相乘填列。

分别求出可比产品合计和全部产品生产成本合计。

第五节　原始凭证

凭证 3-1-1

领　　料　　单

No.　121001

领料部门：生产车间　　　　2020年12月01日

领料用途：20201125批号领用

材料名称	规格	单位	数量		成本	
			请领	实发	单价	总价
锌合金锭	3#	个	50	50		
合　计						

第二联：记账联

车间主管：李丽　　会计：张文　　发料人：钱浩　　领料人：吴宇

凭证 3-1-2

领　　料　　单

No.　121002

领料部门：生产车间　　　　2020年12月01日

领料用途：20201130批号领用

材料名称	规格	单位	数量		成本	
			请领	实发	单价	总价
锌合金锭	3#	个	40	40		
陶瓷圈	1#	个	4000	4000		
合　计						

第二联：记账联

车间主管：李丽　　会计：张文　　发料人：钱浩　　领料人：吴宇

凭证 3-2

领　　料　　单

No.　121003

领料部门：生产车间　　2020年12月03日

领料用途：20201203批号领用

材料名称	规格	单位	数量		成本	
			请领	实发	单价	总价
锌合金锭	3#	个	100	100		
合　计						

第二联：记账联

车间主管：李丽　　会计：张文　　发料人：钱浩　　领料人：吴宇

凭证 3-3

领　　料　　单

No.　121004

领料部门：生产车间　　2020年12月04日

领料用途：一般耗用

材料名称	规格	单位	数量		成本	
			请领	实发	单价	总价
手喷漆	（黑）	桶	10	10		
手喷漆	（白）	桶	10	10		
稀释剂		桶	5	5		
合　计						

第二联：记账联

车间主管：李丽　　会计：张文　　发料人：钱浩　　领料人：吴宇

凭证 3-4-1

入　　库　　单

No.　R121001

发货单位：鹏程工业商贸公司　　　　2020年12月08日

材料名称	规格	单位	数量		单价	金额	运杂费	总价
			凭证	实收				
陶瓷圈1#		个	2000	2000	0.80	1600.00	-	1600.00
手喷漆	（黑白）	桶	100	100	16.00	1600.00	-	1600.00
稀释剂		桶	50	50	30.00	1500.00	-	1500.00
合　计						4700.00	-	4700.00

记账联

仓库主管：刘玉　　会计：张文　　仓库验收：张晓　　采购员：王廷民

凭证 3-4-2

中国工商银行
转账支票存根
10203720
00154633
附加信息

出票日期 2020 年 12 月 08
收款人：鹏程工业商贸公司
金额：¥4 700.00
用途：购买材料
单位主管 王一明　会计 张丰

烟台证券印制有限公司・2019年印制

中国工商银行　转账支票　10203720　00154633

出票日期（大写）　贰零贰零年壹拾贰月零捌日　　付款行名称：烟台青年路支行

收款人：鹏程工业商贸公司　　出票人账号：1606021909223453502

人民币（大写）肆仟柒佰元整

亿	千	百	十	万	千	百	十	元	角	分
				¥	4	7	0	0	0	0

付款期限自出票之日起十天

用途　购买材料
上列款项请从
我账户内支付
出票人签章

密码　1403 3500 8239 0090
行号　1606021909221789981

复核　　记账

财务专用章　财务专用章　王一明印

附加信息	被背书人：	被背书人：
	背书人签章 年　月　日	背书人签章 年　月　日

烟台证券印制有限公司・2019年印制

（贴粘单处）

根据《中华人民共和国票据法》等法律法规的规定，签发空头支票由中国人民银行处以票面金额 5% 但不低于 1000元 的罚款。

凭证 3-4-3

3700201130

山东增值税专用发票

抵扣联

No 01780155

3700201130

01780155

开票日期：2020年12月08日

购买方	名　　称：赛杰五金厂 纳税人识别号：913706628345103517 8 地 址、电 话：烟台市青年路27号0535-69151209 开户行及账号：工商银行烟台青年路支行1606021909223453502				密码区	1<6<6>**580331/373>67<599<< ++8+505>4-<+>/0<38+70/420/> 09>>+-*93+>6401/3/4541*2<-3 -*2+88++5/320+6+*<2<>0+19<7		
货物或应税劳务、服务名称	规格型号	单位	数量	单价	金额	税率	税额	
*建筑陶瓷装饰物*陶瓷圈		个	2000	0.7080	1415.93	13%	184.07	
*涂料*手喷漆		桶	100	14.1593	1415.93	13%	184.07	
*溶剂油*稀释剂		桶	50	13.2743	1327.43	13%	172.57	
合　　计					4159.29		540.71	
价税合计（大写）	⊗肆仟柒佰圆整				（小写）¥4700.00			
销售方	名　　称：鹏程工业商贸公司 纳税人识别号：91370101832252231 地 址、电 话：烟台市建设大道29号0532-23452760 开户行及账号：工商银行建设大道分行1606021909221789981				备注	91370101832252231 发票专用章		

收款人：陈倩　　复核：王亭　　开票人：刘默　　销售方：（章）

第二联：抵扣联　购买方抵扣凭证

凭证 3-4-4

3700201130

山东增值税专用发票

发票联

No 01780155

3700201130

01780155

开票日期：2020年12月08日

购买方	名　　称：赛杰五金厂 纳税人识别号：913706628345103517 8 地 址、电 话：烟台市青年路27号0535-69151209 开户行及账号：工商银行烟台青年路支行1606021909223453502				密码区	1<6<6>**580331/373>67<599<< ++8+505>4-<+>/0<38+70/420/> 09>>+-*93+>6401/3/4541*2<-3 -*2+88++5/320+6+*<2<>0+19<7		
货物或应税劳务、服务名称	规格型号	单位	数量	单价	金额	税率	税额	
*建筑陶瓷装饰物*陶瓷圈		个	2000	0.7080	1415.93	13%	184.07	
*涂料*手喷漆		桶	100	14.1593	1415.93	13%	184.07	
*溶剂油*稀释剂		桶	50	13.2743	1327.43	13%	172.57	
合　　计					4159.29		540.71	
价税合计（大写）	⊗肆仟柒佰圆整				（小写）¥4700.00			
销售方	名　　称：鹏程工业商贸公司 纳税人识别号：91370101832252231 地 址、电 话：烟台市建设大道29号0532-23452760 开户行及账号：工商银行建设大道分行1606021909221789981				备注	鹏程工业商贸公司 91370101832252231 发票专用章		

收款人：陈倩　　复核：王亭　　开票人：刘默　　销售方：（章）

第三联：发票联　购买方记账凭证

凭证 3-5-1

出差申请单

No.：A20201201

2020年12月07日

<table>
<tr><td rowspan="2">出差单位</td><td rowspan="2">销售部</td><td rowspan="2">出差人</td><td rowspan="2">陆逊</td><td rowspan="2">职务</td><td rowspan="2">销售员</td><td>出差地点</td><td colspan="2">招远</td></tr>
<tr><td>出差时间</td><td colspan="2">2天</td></tr>
<tr><td>出差事由</td><td colspan="3">与楚山设计公司洽谈销售事宜</td><td colspan="2">经费预算金额（大写）</td><td colspan="3">伍佰元整</td></tr>
<tr><td>部门负责人批示</td><td colspan="3">同意</td><td colspan="2">出差人签章</td><td>陆逊</td><td>其他事项</td><td>无</td></tr>
<tr><td>部门负责人签章</td><td colspan="3">李林</td><td colspan="2">财务负责人审核意见</td><td colspan="3">同意　张丰</td></tr>
</table>

凭证 3-5-2

差旅费报销单

日期：　2020年12月10日

<table>
<tr><td colspan="2">出差人姓名</td><td colspan="3">陆逊</td><td colspan="2">所属部门</td><td colspan="3">销售部</td></tr>
<tr><td colspan="2">出差地点</td><td colspan="3">招远</td><td colspan="2">起止日期</td><td colspan="3">自12月8日至12月9日，共2天</td></tr>
<tr><td>出差事由</td><td colspan="9">与楚山设计公司洽谈销售事宜。</td></tr>
<tr><td rowspan="5">交通及住宿费</td><td>种类</td><td>单据张数</td><td>开支金额</td><td>核准金额</td><td rowspan="5">出差补助费</td><td>种类</td><td>天数</td><td>标准</td><td>金额</td></tr>
<tr><td>城市间交通费</td><td>4</td><td>120.00</td><td>120.00</td><td>伙食补贴</td><td>2</td><td>60.00</td><td>120.00</td></tr>
<tr><td>住　宿　费</td><td>1</td><td>100.00</td><td>100.00</td><td>公杂补贴</td><td>2</td><td>50.00</td><td>100.00</td></tr>
<tr><td></td><td></td><td></td><td></td><td></td><td></td><td></td><td></td></tr>
<tr><td>小　　计</td><td></td><td>220.00</td><td>220.00</td><td>小计</td><td colspan="2">现金付讫</td><td>220.00</td></tr>
<tr><td colspan="2">金额合计</td><td colspan="8">（大写）肆佰肆拾元整　　　　¥440元</td></tr>
<tr><td colspan="2" rowspan="2">报销结算情况</td><td>原出差借款</td><td colspan="3">¥0.00</td><td>报销金额</td><td colspan="3">¥440.00</td></tr>
<tr><td>退回金额</td><td colspan="3">0.00</td><td>补发金额</td><td colspan="3">¥440.00</td></tr>
</table>

经办人：陆逊　　部门经理：李林　　财务经理：张丰　　总经理：王一明　　出纳：李豆

凭证 3-6-1

山东增值税电子普通发票

发票代码：037002000111
发票号码：36702435
开票日期：2020年12月11日
校验码：23422 17637 23749 23881

购买方	名　　称：赛杰五金厂 纳税人识别号：913706628345103517 8 地址、电话：烟台市青年路27号0535-69151209 开户行及账号：工商银行烟台青年路支行1606021909223453502	密码区	1<6<6>**580331/373>67<599<< ++8+505>4-<+>/0<38+70/420/> 09>>+-*93+>6401/3/4541*2<-3 -*2+88++5/320+6+*<2<>0+19<7

货物或应税劳务、服务名称	规格型号	单位	数量	单价	金额	税率	税额
*靴鞋零件、护腿及类似品*劳保用品费			1	600.00	600.00	13%	78.00
合　　计					600.00		78.00
价税合计（大写）	⊗陆佰柒拾捌圆整				（小写）¥678.00		

销售方	名　　称：青年路百货 纳税人识别号：9137010122864213H 地址、电话：烟台市青年路26号0535-72925670 开户行及账号：中国银行青年路分理处102451010018	备注	

收款人：林晓　　复核：王璐　　开票人：陈晨　　销售方：（章）

凭证 3-6-2

山东增值税专用发票

3700204320　　No 02769245　　3700204320　02769245

抵扣联

开票日期：2020年12月11日

购买方	名　　称：赛杰五金厂 纳税人识别号：913706628345103517 8 地址、电话：烟台市青年路27号0535-69151209 开户行及账号：工商银行烟台青年路支行1606021909223453502	密码区	1<6<6>**580331/373>67<599<< ++8+505>4-<+>/0<38+70/420/> 09>>+-*93+>6401/3/4541*2<-3 -*2+88++5/320+6+*<2<>0+19<7

货物或应税劳务、服务名称	规格型号	单位	数量	单价	金额	税率	税额
*有刊号图书、报纸、期刊类印刷品*报刊费			1	100.00	100.00	9%	9.00
合　　计					100.00		9.00
价税合计（大写）	⊗壹佰零玖圆整				（小写）¥109.00		

销售方	名　　称：人民出版社（山东） 纳税人识别号：9137010100121325J 地址、电话：济南市历山路26号0535-72925670 开户行及账号：中国银行历山路支行102451013500	备注	

第二联：抵扣联　购买方抵扣凭证

收款人：刘元　　复核：钱玉莲　　开票人：陈静　　销售方：（章）

凭证 3-6-3

3700204320　　**山东增值税专用发票**　　No 02769245　　3700204320
02769245

发票联

开票日期：2020年12月11日

购买方	名　　称：赛杰五金厂 纳税人识别号：9137066283451035178 地 址、电 话：烟台市青年路27号0535-69151209 开户行及账号：工商银行烟台青年路支行1606021909223453502	密码区	1<6<6>**580331/373>67<599<< ++8+505>4-<+>/0<38+70/420/> 09>>+-*93+>6401/3/4541*2<-3 -*2+88++5/320+6+*<2<>0+19<7

货物或应税劳务、服务名称	规格型号	单位	数　量	单　价	金　　额	税　率	税　　额
*有刊号图书、报纸、期刊类印刷品*报刊费			1	100.00	100.00	9%	9.00
合　　计					100.00		9.00

价税合计（大写）	⊗壹佰零玖圆整	（小写）¥109.00

销售方	名　　称：人民出版社（山东） 纳税人识别号：9137010100121325J 地 址、电 话：济南市历山路26号0535-72925670 开户行及账号：中国银行历山路支行102451013500	备注	人民出版社（山东） 9137010100121325J 发票专用章

收款人：刘元　　复核：钱玉莲　　开票人：陈静　　销售方：（章）

第三联：发票联　购买方记账凭证

凭证 3-7

领　　料　　单

No.　121005

领料部门：生产车间　　2020年12月15日

领料用途：20201215批号领用

材料名称	规格	单位	数量		成本	
			请领	实发	单价	总价
锌合金锭	3#	个	500	500		
合　　计						

第二联：记账联

车间主管：李丽　　会计：张文　　发料人：钱浩　　领料人：吴宇

凭证 3-8

内　部　交　库　单　　No. N12001

发货单位：生产车间完工　　2020年12月16日

材料名称	批号	单位	数量		单价	金额	运杂费	总价
			凭证	实收				
美式拉手	20201125	件	10000	10000				
美式拉手	20201203	件	10000	10000				
合　计								

记账联

仓库主管：刘玉　　会计：张文　　仓库验收：张晓　　交库人：李丽

凭证 3-9

费　用　报　销　单　　No. 982031

报销部门：运输队　　2020年12月20日

报销项目	金额										备注	
	千	百	十	万	千	百	十	元	角	分		
汽油费						6	0	0	0	0		
过路费						1	0	0	0	0		
											领导审批	同意 王一明
合　计					¥	7	0	0	0	0		现金付讫
金额大写：人民币柒佰元整	原借款：¥0.00 补（退）款：¥700.00											

附件 5 张

会计主管：张丰　　复核：张文　　出纳：李豆　　报销人：王大平

凭证 3-10-1

收　　据　　No. 20200135

2020年12月21日

今 收 到

赛杰五金厂 交来 维修费 款

人民币（大写）壹仟伍佰元整

（小写）￥1,500.00

收款单位：杨胜利

第二联：收据联

出纳：　　　　会计：　　　　经手人：刘能

凭证 3-10-2

中国工商银行
现金支票存根
10203710
00151200

附加信息

出票日期 2020 年 12 月 21 日
收款人：杨胜利
金额：￥1 500.00
用途：维修费
单位主管 王一明　会计 张丰

烟台证券印制有限公司·2019年印制

中国工商银行 现金支票　10203710 00151200

出票日期(大写)　贰零贰零年壹拾贰月贰拾壹日　　付款行名称：烟台青年路支行

收款人：杨胜利　　出票人账号：1606021909223453502

人民币（大写）	亿	千	百	十	万	千	百	十	元	角	分
壹仟伍佰元整					￥	1	5	0	0	0	0

本支票付款期限自出票之日起十天

用途 维修费　　密码 1233 3289 0084 2360

上列款项请从

我账户内支付

出票人签章

[赛杰五金厂 财务专用章]　[王明印]

复核　　记账

附加信息

收款人签章

年　月　日

身份证件名称：　　发证机关：

号码

（贴粘单处）

根据《中华人民共和国票据法》等法律法规的规定，签发空头支票由中国人民银行处以票面金额 5% 但不低于 1000元 的罚款。

烟台证券印制有限公司·2019年印制

凭证 3-11

领　料　单

No.　121006

领料部门：生产车间　　　2020年12月27日

领料用途：20201227批号领用

材料名称	规格	单位	数量		成本	
			请领	实发	单价	总价
锌合金锭	3#	个	30	30		
陶瓷圈	1#	个	3000	3000		
合　计						

第二联：记账联

车间主管：李丽　　会计：张文　　发料人：钱浩　　领料人：吴宇

凭证 3-12-1

领　料　单

No.　121007

领料部门：生产车间　　　2020年12月27日

领料用途：一般耗用

材料名称	规格	单位	数量		成本	
			请领	实发	单价	总价
手喷漆	（黑）	桶	5	5		
手喷漆	（白）	桶	5	5		
稀释剂		桶	3	3		
合　计						

第二联：记账联

车间主管：李丽　　会计：张文　　发料人：钱浩　　领料人：吴宇

凭证 3-12-2

领　　料　　单

No. 121008

领料部门：生产车间　　　2020年12月27日

领料用途：一般耗用

材料名称	规格	单位	数量		成本	
			请领	实发	单价	总价
600G纱手套		包	5	5		
自封袋	20×28	袋	300	300		
切割片		个	1	1		
合　计						

第二联：记账联

车间主管：李丽　　会计：张文　　发料人：钱浩　　领料人：吴宇

凭证 3-12-3

领　　料　　单

No. 121009

领料部门：运输队　　　2020年12月27日

领料用途：一般耗用

材料名称	规格	单位	数量		成本	
			请领	实发	单价	总价
600G纱手套		包	1	1		
合　计						

第二联：记账联

车间主管：万明　　会计：张文　　发料人：钱浩　　领料人：陈三

凭证 3-13

内　部　交　库　单　　No.　N12002

发货单位：生产车间完工　　2020年12月28日

材料名称	批号	单位	数量		单价	金额	运杂费	总价
			凭证	实收				
美式拉手	20201215	件	5000	5000				
合　计								

记账联

仓库主管：刘玉　会计：张文　仓库验收：张晓　交库人：李丽

凭证 3-14

赛杰五金厂存货计价表

2020年12月

单位：元

材料类别	品种	单位	期初结存			本月收入			平均单价
			数量	单价	金额	数量	单价	金额	
原料及主要材料	3#锌合金锭	6kg/个							
	陶瓷圈1#	个							
周转材料	600G纱手套	包							
	手喷漆（黑白）	桶							
	自封袋20×28	100个/袋							
	切割片	个							
	稀释剂	桶							

凭证 3-15

赛杰五金厂材料领用汇总表

2020年12月

材料类别＼受益单位			生产车间						运输队	合计
			20201125批次	20201130批次	20201203批次	20201215批次	20201227批次	一般耗用		
原料及主要材料	3#锌合金锭	数量（个）								
		金额（元）								
	陶瓷圈1#	数量（个）								
		金额（元）								
周转材料和辅助材料	600G纱手套	数量（包）								
		金额（元）								
	手喷漆（黑白）	数量（桶）								
		金额（元）								
	自封袋20×28	数量（袋）								
		金额（元）								
	切割片	数量（个）								
		金额（元）								
	稀释剂	数量（桶）								
		金额（元）								
合计（元）										

复核：　　　　制单：

凭证 3-16-1

赛杰五金厂职工薪酬汇总表

2020年12月　　　　单位：元

部门	职位	人员	应付工资				应付其他薪酬				合计
			基本工资	津贴	奖金	合计	福利费（14%）	保险金（4%）	住房公积金（5%）	合计	
生产车间	车间管理	李丽	3 000	1 200	800	5 000	700	200	250	1 150	6 150
生产车间	工人	杨毅等	20 000	4 000	3 000	27 000	3 780	1 080	1 350	6 210	33 210
运输队	工人	王大平等	2 000	1 000	500	3 500	490	140	175	805	4 305
管理部	厂长	王一明	3 000	2 000	3 000	8 000	1 120	320	400	1 840	9 840
管理部	行政人员	赵飞	1 800	1 200	600	3 600	504	144	180	828	4 428
库管部	库管员	刘玉等	5 000	2 000	2 000	9 000	1 260	360	450	2 070	11 070
销售部	经理	季林	4 000	1 800	2 000	7 800	1 092	312	390	1 794	9 594
销售部	销售员	陆逊	3 000	800	2 500	6 300	882	252	315	1 449	7 749
财务部	会计	张丰等	6 000	2 000	800	8 800	1 232	352	440	2 024	10 824
合计			47 800	16 000	15 200	79 000	11 060	3 160	3 950	18 170	97 170

财务负责人：　　　　复核：　　　　制单：

凭证 3-16-2

赛杰五金厂职工薪酬分配表

2020年12月　　　　　　　　　　　　　　　　金额单位：元

车间名称	产品名称（批号）	生产工时	分配率	应分配薪酬
生产车间	20201125			
	20201130			
	20201203			
	20201215			
	20201227			
合计				

复核：　　　　　　　　　　　　制表：

凭证 3-17

赛杰五金厂折旧计提单

2020年12月　　　　　　　　　　　　　　　　金额单位：元

使用部门	固定资产项目	固定资产原值	月折旧率	本月应计提折旧额
基本生产车间	建筑物	6 000 000	0.50%	
	机器设备	3 500 000	1.50%	
	小计	9 500 000		
运输队	建筑物	50 000	0.50%	
	车辆设备	300 000	1.50%	
	小计	350 000		
管理部门	建筑物	450 000	0.50%	
	办公设备	50 000	1.50%	
	小计	500 000		
销售部门	建筑物	650 000	0.50%	
	办公设备	50 000	1.50%	
	小计	700 000		

复核：　　　　　　　　　　　　制表：

凭证 3-18

赛杰五金厂水电费分配表

2020年12月　　　　金额单位：元

使用部门	水费		电费		合计
	数量（吨）	金额	数量（千瓦时）	金额	
生产车间	150		15 000		
运输队	50		300		
管理部	20		100		
销售部	20		200		
合计	240		15 600		

审核：　　　　制单：

凭证 3-19

辅助生产成本分配表

2020年12月

受益对象	运输劳务（吨/千米）	分配运输费（元）
生产车间	331.5	
管理部	240	
销售部	2 000	
合计	2 571.5	

审核：　　　　制单：

凭证 3-20

制造费用分配表

2020年12月　　　　金额单位：元

车间	产品批号	实际工时（小时）	分配金额
生产车间	20201125		
	20201130		
	20201203		
	20201215		
	20201227		
	合计		

审核：　　　　制单：

凭证 3-21-1

产品成本计算单

车间：生产车间　　2020年12月31日

产品批号：20201215　　单位：元

摘　　要	直接材料	直接人工	制造费用	合计
月初在产品成本				
本月费用				
合计				
完工产品成本				
月末在产品成本				

复核：　　制单：

凭证 3-21-2

产品成本计算单

车间：生产车间　　2020年12月31日

产品批号：20201130　　单位：元

摘　　要	直接材料	直接人工	制造费用	合计
月初在产品成本				
本月费用				
合计				
完工产品成本				
月末在产品成本				

复核：　　制单：

凭证 3-21-3

产品成本计算单

车间：生产车间　　2020年12月31日

产品批号：20201203　　单位：元

摘　　要	直接材料	直接人工	制造费用	合计
月初在产品成本				
本月费用				
合计				
完工产品成本				
完工产品单位成本				

复核：　　制单：

凭证 3-21-4

产品成本计算单

车间：生产车间　　　　　　2020年12月31日

产品批号：20201215　　　　　　　　　　　　单位：元

摘　　要	直接材料	直接人工	制造费用	合计
月初在产品成本				
本月费用				
合计				
完工产品成本				
月末在产品成本				

复核：　　　　　　　　制单：

凭证 3-21-5

产品成本计算单

车间：生产车间　　　　　　2020年12月31日

产品批号：20201227　　　　　　　　　　　　单位：元

摘　　要	直接材料	直接人工	制造费用	合计
月初在产品成本				
本月费用				
合计				
完工产品成本				
月末在产品成本				

复核：　　　　　　　　制单：

第四章　分步法

第一节　企业经济类型及生产特点

烟台芙诺纺织有限公司是山东省烟台市大量生产男士内衣的私营企业，位于开发区港城路103号，注册资本为1 000万元，企业系增值税一般纳税人。该公司主要从事普通内衣和精品内衣的生产，设有裁剪、缝纫和成衣三个基本生产车间；设有机修车间和运输队两个辅助生产车间，主要负责公司设备的修理和企业运输服务；设有一个仓库，存放各种材料、自制半成品和产成品等。企业的基本信息如下：

名称：烟台芙诺纺织有限公司

开户银行及账号：中国银行开发区港城路支行 102451015368

纳税人识别号：91370662922133527

地址、电话：烟台市开发区港城路103号 0535-69151029

企业生产的普通内衣和精品内衣的主要区别在于用料不同、包装不同，生产流程相同。企业的生产流程为，首先由裁剪车间，将面料及其他材料按排料、划样要求剪切成裁片，经检验合格后将裁片直接送交缝纫车间；再由缝纫车间按不同的款式要求，通过合理的缝合，把各裁片组合成内衣半成品，经检验后，送交自制半成品仓库；成衣车间从仓库领用半成品内衣后，经过熨烫处理、成衣品质、商标包装等工序，经检验合格后送交成品仓库。企业的生产工艺流程如图4-1所示：

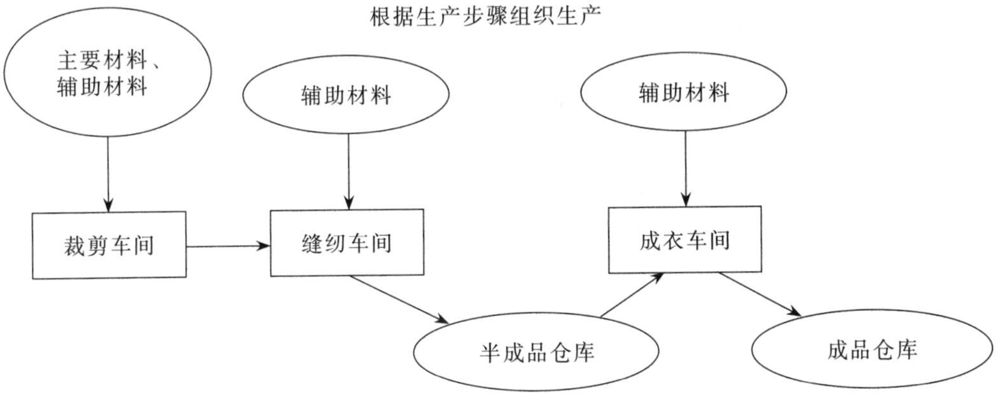

图4-1　烟台芙诺纺织有限公司生产流程图

第二节　企业财务核算制度及说明

一、存货核算

（1）材料存货日常核算采用实际成本法计价。材料的成本采用全月一次加权平均法进行核算，发出材料的成本于月末统一编制“领料凭证汇总表”汇总计算，并于月末一次结转。

（2）企业低值易耗品包括缝纫线、包装袋、标签、水洗唛、工具、机油和量具等，采用一次摊销法进行核算。

（3）企业的自制半成品包括裁剪车间生产的半成品裁片和缝纫车间生产的半成品内衣。其中半成品裁片直接由裁剪车间移交缝纫车间，使用实际成本结转。半成品内衣生产完毕后统一入库，使用“自制半成品”科目进行核算，其日常收发按照实际成本计价，月末采用全月一次加权平均法计算。

（4）企业的完工产成品使用“库存商品”科目核算，按实际成本法计价，月末使用全月一次加权平均法计算。

二、产品成本核算方法

（1）企业生产采用分步法进行产品成本核算，半成品采用逐步结转分步法的综合结转方法进行核算，应厂内核算管理要求，对产成品成本需进行成本还原。

（2）企业成本核算设置的成本项目有：直接材料、自制半成品、直接人工和制造费用。

（3）裁剪车间以半成品裁片为成本核算对象，主要生产普通内衣半成品裁片和精品内衣半成品裁片，各种裁片的成本按照综合结转的方法，直接由裁剪车间通过“半成品交接单”以实际成本综合转入缝纫车间继续生产。

（4）缝纫车间以半成品内衣为成本核算对象，主要生产普通内衣半成品和精品内衣半成品，半成品内衣完工后采用实际综合结转的方法，通过“自制半成品”科目进行核算。裁剪车间加工完毕后办理完工入库手续，交由仓库保管，并由仓库进行存货的日常核算和盘点，成衣车间通过“领料单”领用自制半成品内衣继续生产。

（5）企业的机修车间和运输队仅设置“辅助生产成本”明细账核算，不设置“制造费用”明细账核算，二者为提供劳务发生的间接费用记入“辅助生产成本”科目。机修车间和运输队发生的费用按照计划成本法在各受益部门之间进行分配。

（6）企业月末既有完工产品又有在产品的，生产费用按约当产量法分配。其中直接材料、自制半成品在生产开始时一次性投入，直接人工和制造费用等的完工程度按50%计算。

第三节　核算资料

一、期初资料

烟台芙诺纺织有限公司的相关期初资料见表4-1、表4-2。

表4-1　**烟台芙诺纺织有限公司在产品成本表**

2020年12月　单位：元

成本项目		直接材料	半成品	直接人工	制造费用	合计
裁剪车间	普通内衣	2 000.00	—	8 780.00	4 961.00	15 741.00
	精品内衣	1 500.00	—	15 660.00	3 061.00	20 221.00
缝纫车间	普通内衣	75.00	2 700.00	2 024.00	955.00	5 754.00
	精品内衣	1 320.00	18 936.00	9 206.00	11 470.00	40 932.00
成衣车间	普通内衣	1 450.00	33 000.00	2 502.00	5 279.90	42 231.90
	精品内衣	695.00	10 720.00	4 108.00	3 077.10	18 600.10

表4-2　**烟台芙诺纺织有限公司存货结存表**

2020年12月

材料类别	品种	单位	数量	单价	金额（元）
原料及主要材料	针织棉布	匹	100	1 050.00	105 000.00
	精梳棉布	匹	100	2 500.00	250 000.00
	包边条	盘	200	5.00	1 000.00
	定制螺纹	匹	300	3 500.00	1 050 000.00
周转材料	缝纫线	卷	340	4.00	1 360.00
	包装袋	包	100	12.00	1 200.00
	包装盒	箱	50	25.00	1 250.00
	标签	包	40	20.00	800.00
	水洗唛	包	30	30.00	900.00
	工具	套	50	20.00	1 000.00
	机油	升	50	10.00	500.00
	量具	套	120	25.00	3 000.00
自制半成品	普通内衣半成品	件	5 000	14.80	74 000.00
	精品内衣半成品	件	10 000	35.00	350 000.00

二、本月生产资料

烟台芙诺纺织有限公司的相关生产资料见表4-3、表4-4。

表4-3　**烟台芙诺纺织有限公司车间生产数量资料**

2020年12月　　单位：件

产品及车间		裁剪车间	缝纫车间	成衣车间
普通内衣	月初在产品数量	12 000	10 000	5 000
	本月投产数量	8 000	15 000	20 000
	本月产品数量	15 000	25 000	20 000
	月末在产品数量	5 000	—	5 000
精品内衣	月初在产品数量	10 000	8 000	2 000
	本月投产数量	20 000	20 000	18 000
	本月产品数量	20 000	15 000	15 000
	月末在产品数量	10 000	13 000	5 000

表4-4　**烟台芙诺纺织有限公司生产工时单**

2020年12月　　单位：小时

车间名称	产品名称	生产工时
裁剪车间	普通内衣	8 000
	精品内衣	8 000
	小计	16 000
缝纫车间	普通内衣	7 000
	精品内衣	8 000
	小计	15 000
成衣车间	普通内衣	7 000
	精品内衣	3 000
	小计	10 000

三、定额和比较资料

烟台芙诺纺织有限公司生产有关定额及比较资料见表4-5至表4-7。

其中1—11月普通内衣的产量为280 000件，精品内衣的产量为185 000件。

表4-5　**烟台芙诺纺织有限公司生产有关定额及比较资料**

使用部门	材料名称	普通内衣	精品内衣
裁剪车间	针织棉布	10匹	
	精梳棉布		12匹
	定制螺纹	5匹	6匹
缝纫车间	包边条	50盘	60盘
成衣车间	水洗唛	1包	1包
	包装袋	1包	2包
	包装盒		1箱
	标签	1包	1包

表4-6 **普通内衣单位成本资料** 单位：元/件

成本项目	历史先进水平	上年实际平均	本年计划	本年1—11月实际
直接材料	6.30	6.50	6.40	6.42
直接人工	4.00	4.40	4.40	4.40
制造费用	6.50	7.20	7.00	6.80
产品成本合计	16.80	18.10	17.80	17.62
主要技术经济指标	耗用量	耗用量	耗用量	耗用量
1.针织棉布（匹/千件）	9.6	11.4	10	10
2.定制螺纹（匹/千件）	5	5	5	5

表4-7 **精品内衣成本资料** 金额单位：元/件

成本项目	历史先进水平	上年实际平均	本年计划	本年1—11月实际
直接材料	22.00	25.00	24.00	24.32
直接人工	4.60	4.80	4.80	4.80
制造费用	6.00	6.50	6.50	6.45
产品成本合计	32.60	36.30	35.30	35.57
主要技术经济指标	耗用量	耗用量	耗用量	耗用量
1.精梳棉布（匹/千件）	10.80	14.40	12.00	12.00
2.定制螺纹（匹/千件）	5.16	7.50	6.00	6.00

四、2020年12月发生的经济业务

烟台芙诺纺织有限公司2020年12月份发生的经济业务如下：

（1）1日，裁剪、缝纫和成衣车间领用量具和工具若干，修理车间领用机油10升，管理部领用量具若干。（凭证4-1-1、凭证4-1-2、凭证4-1-3、凭证4-1-4、凭证4-1-5）

（2）3日，采购入库材料一批，收到增值税专用发票。（凭证4-2-1、凭证4-2-2、凭证4-2-3、凭证4-2-4）

（3）3日，裁剪车间投产普通内衣8 000件，精品内衣20 000件，根据材料消耗定额领用仓库材料。（凭证4-3-1、凭证4-3-2）

（4）4日，成衣车间领用标签、水洗唛、包装袋等一批。（凭证4-4-1、凭证4-4-2）

（5）6日，缝纫车间领用缝纫线300卷、包边条1 950盘，其中包边条按照材料消耗定额进行分配。（凭证4-5）

（6）8日，内衣厂销售员刘祥上周出差与天猫旗舰店商谈代工销售事宜，根据报销单据进行费用报销。（凭证4-6-1、凭证4-6-2）

（7）10日，裁剪车间生产完毕普通内衣、精品内衣半成品若干，根据半成品转移单交缝纫车间继续生产。（凭证4-7）

（8）11日，用银行存款支付基本生产车间和辅助生产部门劳保费用、厂部管理部门报刊费等。（凭证4-8-1、凭证4-8-2、凭证4-8-3、凭证4-8-4、凭证4-8-5、凭证4-8-6）

（9）15日，运输队报销汽油费1 000元、过路费200元、粘贴汽油票5张（略），以现金付讫。（凭证4-9）

（10）16日，缝纫车间完工入库半成品一批，根据入库单交仓库存放，通过“自制半成品”科目进行核算。（凭证4-10）

（11）20日，裁剪、缝纫、成衣、修理车间和运输队领用机油。（凭证4-11-1、凭证4-11-2、凭证4-11-3、凭证4-11-4、凭证4-11-5）

（12）20日，成衣车间领用普通内衣半成品和精品内衣半成品若干。（凭证4-12）

（13）21日，用银行存款支付机修车间修理件费用，用于车间使用。（凭证4-13-1、凭证4-13-2）

（14）24日，采购入库材料一批，收到增值税专用发票，货款未付。（凭证4-14-1、凭证4-14-2、凭证4-14-3、凭证4-14-4、凭证4-14-5、凭证4-14-6）

（15）28日，成衣车间完工入库产成品若干。（凭证4-15）

（16）31日，采用全月一次加权平均法计算材料的成本，填写“存货计价表”，并计算平均单价。（凭证4-16）

（17）31日，汇总本月仓库的领料单，编制“材料领用汇总表”，并做账务处理。（凭证4-17）

（18）31日，根据本月“职工薪酬汇总表”，分配并结转各步骤产品的薪酬费用，填写“职工薪酬分配表”，并做账务处理。（凭证4-18-1、凭证4-18-2）

（19）31日，计提各车间、部门固定资产折旧费。（凭证4-19）

（20）31日，摊销运输队及内衣厂管理部门车辆保险费。（凭证4-20）

（21）31日，按照实际耗用量标准分配本月发生的水电费，贷方为“应付账款”科目。由于月末该月水电费单据未到，采用暂估方法核算水电费，根据山东省工业用水、电标准，水费以4.9元每吨暂估，电费以0.92元每千瓦时暂估。（凭证4-21）

（22）31日，根据机修车间和运输队提供劳务情况，采用计划成本分配法分配辅助生产车间的费用，并做账务处理。其中，维修费的计划成本为100元/小时，运输费的计划成本为1元/千米。（凭证4-22-1、凭证4-22-2）

（23）31日，分配各车间的制造费用并做账务处理。（凭证4-23）

（24）31日，分配裁剪车间的半成品的生产成本并做账务处理。（凭证4-24-1、凭证4-24-2）

（25）31日，分配缝纫车间的半成品的生产成本并做账务处理。（凭证4-25-1、凭证4-25-2）

（26）31日，根据“自制半成品”明细账内容核算本月成衣车间领用自制半成品的成本，并做账务处理。

（27）31日，分配成衣车间的产成品的生产成本，编制产成品成本汇总表，并做账务处理。（凭证4-27-1、凭证4-27-2）

（28）31日，进行成本还原，并编制成本报表。（见表5-7、表5-8、表5-9、表5-10、表5-11）

第四节　业务指导

业务指导有“业务分析”“实务演练”“操作提示”“答案参考”等内容。其中，“业务分析”对该笔经济业务的内容做分析和说明；“实务演练”特别针对一些原始凭证的特征和内容做阐述；“操作提示”对该笔经济业务的会计处理及原始凭证填制做指导和提示；“答案参考”不提供所有答案，仅对影响后续步骤的答案做提示，以便学生在实验过程中保证效率。

业务（1）1日，裁剪、缝纫和成衣车间领用量具和工具若干，修理车间领用机油5升，管理部领用量具若干。

业务分析：根据领料单可以看出，基本生产车间、机修车间和管理部门费用增加，同时工具、量具减少。应按照车间、部门分别记入“制造费用——裁剪车间”“制造费用——缝纫车间”“制造费用——成衣车间”“辅助生产成本——机修车间”“管理费用”。

实务演练：了解领料单的填制过程及内容，领料单一般是三联式：

第一联：存根联，由车间主任开具并留存。

第二联：记账联，由会计记账使用。（在本实验中给出记账联）

第三联：仓库联，由车间人员交仓库领料，并由仓库保存。

操作提示：本实验的材料均采用实际成本法计价，在采用全月一次加权平均法计算材料费的情况下，暂时不能编写记账凭证，需要在月末进行原材料计价后，统一进行记账凭证的编制。

业务（2）3日，采购入库材料一批，收到增值税专用发票。

业务分析：根据转账支票、发票和入库单编制记账凭证。

实务演练：了解转账支票的填制方法和内容，剪切后留作存根的部分应作为记账依据。

了解采购发票的形式和内容，企业进行材料采购，收到的增值税专用发票有抵扣联和记账联，抵扣联用于增值税一般纳税人进行税额抵扣，记账联作为记账依据。

了解入库单的形式和内容，入库单一般是三联式：

第一联：存根联，由仓库开具并留存。

第二联：记账联，由采购人员交财务报销，会计记账使用。（在本实验中给出记账联）

第三联：仓库联，由仓库保存。

业务（3）3日，裁剪车间投产普通内衣8 000件，精品内衣20 000件，根据材料消耗定额领用仓库材料。

业务分析：练习领料单的填制过程及内容，同学可以类比品种法、分批法的此类业务领料单填写。此业务需要根据表4-5的产品消耗材料定额乘以投产数量填写。

业务（4）4日，成衣车间领用标签、水洗唛、包装袋等一批。

业务（5）6日，缝纫车间领用缝纫线300卷、包边条1 950盘，其中包边条按照材料消耗定额进行分配。

业务分析：以上两个业务同业务（1）处理。

操作提示：特别需要注意的是，在业务（5）中，缝纫车间领用的两种材料，其中缝纫线属于“周转材料”，为车间一般消耗的低值易耗品，直接记入“制造费用——缝纫车间”，包边条属于“原材料”，为构成产品实体的一部分，需要根据材料领用定额比例进行分配。

$$包边条数量分配率=\frac{包边条的领用数量}{两种产品的领用定额之和}=\frac{1950}{15\times 50+20\times 60}=1$$

业务（6）8日，内衣厂销售员刘祥上周出差与天猫旗舰店商谈代工销售事宜，根据报销单据进行费用报销。

业务分析：根据出差申请单、差旅费报销单编制记账凭证，注意实际发生与报销的金额为差旅费报销单上的金额。

业务（7）10日，裁剪车间生产完毕普通内衣、精品内衣半成品若干，根据半成品转移单交缝纫车间继续生产。

业务分析：半成品流转的会计处理，由于只知道两个车间之间的转移数量，并未核算该半成品的成本，因此，该业务应在月末产品成本计算单核算之后，再进行记账凭证的编制。

业务（8）11日，用银行存款支付基本生产车间和辅助生产部门劳保费用、厂部管理部门报刊费等。

业务分析：根据转账支票、发票编制记账凭证，注意区分增值税普通发票和专用发票。

业务（9）15日，运输队报销汽油费1 000元、过路费200元、粘贴汽油票5张（略），以现金付讫。

业务分析：练习报销单的内容和填制方法，并编制记账凭证。报销单的填制可参考分批法业务（9）。

业务（10）16日，缝纫车间完工入库半成品一批，根据入库单交仓库存放，通过“自制半成品”科目进行核算。

业务分析：半成品流转的会计处理，由于只知道缝纫车间的入库数量，并未核算该半成品的成本，因此，该业务应在月末产品成本计算单核算之后，再进行记账凭证的编制。

业务（11）20日，裁剪、缝纫、成衣、修理车间和运输队领用机油。

业务（12）20日，成衣车间领用普通内衣半成品和精品内衣半成品若干。

业务分析：以上两个业务同业务（1）处理。

业务（13）21日，用银行存款支付机修车间修理件费用，用于车间使用。

业务分析：同业务（8）处理。

业务（14）24日，采购入库材料一批，收到增值税专用发票，货款未付。

业务分析：同业务（2）处理，注意，此业务未付款，故贷方采用“应付账款——××公司”。

业务（15）28日，成衣车间完工入库产成品若干。

操作提示：产成品入库的会计处理，由于只知道入库数量，并未核算产成品的成本，因此，该业务应在月末产品成本计算单核算之后，再进行记账凭证的编制。

业务（16）31日，采用全月一次加权平均法计算材料的成本，填写“存货计价表”，并计算平均单价。

操作提示：不需要做会计分录。

根据全月一次加权平均法计算材料的全月平均单价，用以核算本月领用材料的成本。公式为：

$$某材料全月一次加权平均单价=\frac{月初某材料成本+本月收入某材料总成本}{月初某材料数量+本月收入某材料数量}$$

答案参考：根据全月一次加权平均法计算的材料单价，与月初有变化的7种材料的平均单价为：

精梳棉布	2 500
包边条	5.9
定制螺纹	3 500
缝纫线	3.68
包装盒	25
工具	18
量具	30

业务（17）31日，汇总本月仓库的领料单，编制“材料领用汇总表”，并做账务处理。

操作提示：汇总前述业务中的“领料单”，编制“材料领用汇总表”。编制方法为：

横行表示领用的材料类别，竖列表示领用材料的受益部门，二者交叉的空格，填写受益部门领用该材料类别的内容——“数量”“金额”。

其中：“数量”根据领料单上列明的数量汇总填写；

“金额”根据该数量乘以“存货计价表”中的该材料平均单价而得。

答案参考：

基本生产成本——裁剪车间——普通内衣	224 000.00	
——裁剪车间——精品内衣	1 020 000.00	
——缝纫车间——普通内衣	4 425.00	
——缝纫车间——精品内衣	7 080.00	
——成衣车间——普通内衣	1 550.00	
——成衣车间——精品内衣	1 305.00	
辅助生产成本——机修车间	200.00	
——运输队	120.00	
制造费用——裁剪车间	920.00	
——缝纫车间	3 194.00	
——成衣车间	1 110.00	
管理费用——材料费	150.00	
原材料		1 255 505.00
周转材料		8 549.00

业务（18）31日，根据本月“职工薪酬汇总表”，分配并结转各步骤产品的薪酬费用，填写“职工薪酬分配表”，并做账务处理。

操作提示：根据实验给出的“职工薪酬汇总表”，编写会计分录。注意：可以区分直接计入费用和间接计入费用。其中：基本生产车间的生产工人职工薪酬，是两种产品共同耗用的直接生产费用，需要在两种产品中进行分配。如裁剪车间工人工资需分配后才能记入“基本生产成本——裁剪车间——普通内衣”“基本生产成本——裁剪车间——精品内衣”中，缝纫车间和成衣车间同。根据两种产品的实际工时（见表4-4）进行分配。

$$\text{职工薪酬分配率}=\frac{\text{某生产车间的工人职工薪酬}}{\text{该车间普通内衣和精品内衣的实际工时之和}}$$

答案参考：

基本生产成本——裁剪车间——普通内衣	36 720.00
——裁剪车间——精品内衣	36 720.00
——缝纫车间——普通内衣	38 976.00
——缝纫车间——精品内衣	44 544.00
——成衣车间——普通内衣	31 248.00
——成衣车间——精品内衣	13 392.00

业务（19）31日，计提各车间、部门固定资产折旧费。

操作提示：每一行数据根据固定资产原值和月折旧率相乘而得。

业务（20）31日，摊销运输队及内衣厂管理部门车辆保险费。

操作提示：练习跨期费用的分配，方法是年交额除以12。

业务（21）31日，按照实际耗用量标准分配本月发生的水电费，贷方为“应付账款”科目。由于月末该月水电费单据未到，采用暂估方法核算水电费，根据山东省工业用水、电标准，水费以4.9元每吨暂估，电费以0.92元每千瓦时暂估。

操作提示：“水电费分配表”填制方法是各车间部门使用数量乘以给定的暂估单价填列。

业务（22）31日，根据机修车间和运输队提供劳务情况，采用计划成本分配法分配辅助生产车间的费用，并做账务处理。其中，维修费的计划成本为100元/小时，运输费的计划成本为1元/千米。

业务分析：辅助生产费用分配的前提是辅助生产成本已经归集完毕。在实验过程中，将之前业务的记账凭证全部登记明细账，可得“辅助生产成本——机修车间”“辅助生产成本——运输队”归集的费用。

操作提示：辅助生产成本分配表的填制方法是：

“待分配费用”根据辅助生产成本明细账的借方余额填制；

“劳务供应总量”“分配修理费”“分配运输费”的数量根据凭证4-22-1辅助生产费用受益表填制，金额根据数量乘以计划单价计算填列；

“实际成本”的计算为辅助生产成本明细账归集数额+本月受益的费用

“差异”为“计划成本-实际成本”，如差异为正，则表示计划成本大于实际成本，分配的金额大于归集的数额，故应冲回；反之，应追加分配。

答案参考：

辅助生产车间归集的成本分别为机修车间15 099元；运输队41 828元。

辅助生产车间的实际成本分别为机修车间18 099元；运输队42 828元。

辅助生产车间的计划成本分别为机修车间18 400元；运输队41 700元。

结转差异的分录为：

借：辅助生产成本——机修车间　　301.00

　　管理费用——其他　　827.00

　贷：辅助生产成本——运输队　　1 128.00

业务（23）31日，分配各车间的制造费用并做账务处理。

操作提示：制造费用分配的前提是制造费用已经归集完毕。在实验过程中，将之前业务的记账凭证全部登记明细账，生产车间的制造费用合计金额根据“制造费用”明细账的借方余额填制。

各种产品应分配的制造费用按照实际工时（见表4-4）比例进行分配。

$$某车间制造费用分配率=\frac{该生产车间的制造费用}{该车间各产品的实际工时之和}$$

答案参考：

基本生产成本——裁剪车间——普通内衣　　49 639.00

　　　　　　——裁剪车间——精品内衣　　49 639.00

　　　　　　——缝纫车间——普通内衣　　52 045.00

　　　　　　——缝纫车间——精品内衣　　59 480.00

　　　　　　——成衣车间——普通内衣　　71 220.10

　　　　　　——成衣车间——精品内衣　　30 522.90

　制造费用——裁剪车间　　99 278.00

　　　　　——缝纫车间　　111 525.00

　　　　　——成衣车间　　101 743.00

业务（24）31日，分配裁剪车间的半成品的生产成本并做账务处理。

操作提示：生产成本计算单的填制方法为：

“月初在产品成本”根据表4-1填列；

“本月材料费”根据“材料领用汇总表”填列；

“本月人工费”根据“职工薪酬分配表”填列；

“本月制造费用”根据“制造费用分配表”填列。

以上可以在记账之后，直接通过“基本生产成本”明细账数据获得填列。

“完工半成品成本”“月末在产品成本”的填制需采用约当产量法分配计入：

由于产品生产的材料均在生产开始时一次性投入，故直接材料按完工产品和在产品数量分配；月末在产品完工程度均为50%，故直接人工和制造费用按完工产品数量和在产品约当产量分配。

例如：

$$直接材料费分配率=\frac{月初材料费+本月材料费}{完工半成品数量+在产品数量}$$

$$加工费(直接人工/制造费用)分配率=\frac{月初加工费+本月加工费}{完工半成品数量+在产品约当产量}$$

“完工半成品成本”“月末在产品成本”按分配率乘以数量、约当产量分别计算。

答案参考：普通内衣裁片半成品成本为255 300元，精品内衣裁片半成品成本为765 064元。

业务（25）31日，分配缝纫车间的半成品的生产成本并做账务处理。

操作提示：生产成本计算单的填制方法同业务（24），特别需要注意的是，本月缝纫车间直接接收了裁剪车间本月完工的内衣裁片半成品，记入生产成本计算单的“本月领用半成品”行和“自制半成品”列交叉的格子里。

在分配完工半成品和在产品成本时，“自制半成品”同“直接材料”的分配方法。

答案参考：普通内衣半成品成本为356 500元，精品内衣半成品成本为511 500元。

业务（26）31日，根据“自制半成品”明细账内容核算本月成衣车间领用自制半成品的成本，并做账务处理。

操作提示：登记“自制半成品”明细账，并计算全月一次加权平均单价，公式为：

$$某半成品全月一次加权平均单价=\frac{月初某半成品成本+本月收入某半成品总成本}{月初某半成品数量+本月收入某半成品数量}$$

再根据成衣车间的投产情况，填列领用半成品的数量，乘以加权平均单价，计算本月领用的半成品金额。

答案参考：普通内衣半成品单位成本为14.35元/件，精品内衣半成品单位成本为34.46元/件。

业务（27）31日，分配成衣车间的产成品的生产成本，编制产成品成本汇总表，并做账务处理。

操作提示：生产成本计算单的填制方法同业务（25），注意需要填写本月成衣车间领用的内衣半成品的数据。

答案参考：普通内衣完工产品总成本为356 400元，精品内衣完工产品总成本为518 550元。

业务（28）31日，进行成本还原，并编制成本报表。

操作提示：

（1）成本还原的方法，第一次成本还原：

“还原前完工产品总成本”一行根据成衣车间普通内衣生产成本计算单中完工产品数据填列；

“本月所产完工半成品内衣成本”一行根据缝纫车间普通内衣生产成本计算单中完工半成品数据填列；

$$半成品成本还原分配率=\frac{需要还原的产成品成本中半成品背心的数额}{本月所产完工半成品背心总成本}=\frac{256\,000}{356\,500}=0.7181$$

“半成品成本还原”一行根据“本月所产完工半成品内衣成本”一行全部乘以0.7181计算填列；

“还原后完工产品总成本”一行，根据第一行和第三行的数据加总填列，“半成品内衣”不算。

第二次成本还原：

“本月所产完工半成品裁片成本”一行根据裁剪车间普通内衣生产成本计算单中完工半成品数据填列；

$$半成品成本还原分配率=\frac{需要还原的产成品成本中半成品裁片的数额(第四行)}{本月所产完工半成品裁片总成本}$$

$$=\frac{185\,267.88}{255\,300}=0.7257$$

“半成品成本还原”一行根据“本月所产完工半成品裁片成本”一行全部乘以0.7257计算填列；

“还原后完工产品总成本”一行，根据第四行和第六行的数据加总填列，“半成品裁片”不算。

精品内衣同上。

（2）编制成本报表的方法：

本实验成本报表需要编制“主要产品单位成本表”“全部产品成本报表”，填制方法为：

首先编制“主要产品单位成本表”，根据实验中有关企业的提示，填写“编制企业”“产品名称”“实际产量（本月）”“计量单位”“本年累计实际产量”内容。

根据相关比较资料（见表4-6、表4-7），填写“历史先进水平”“上年实际平均”“本年计划”的单位金额、经济技术指标数据。

“本月实际”单位成本，根据相关产品“产品成本计算单”中的完工产品成本除以数量计算填制。

“本年实际平均”单位成本，根据本月完工产品成本和1—11月完工产品成本加权计算填制：

$$本年实际单位成本=\frac{1—11月单位成本\times1—11月产量+本月实际总成本}{1—11月产量+本月产量}$$

“本月实际”主要技术经济指标，根据本月投产产品的领料情况确定。

“本年实际平均”主要技术经济指标，根据本月实际主要技术经济指标和1—11月主要技术经济指标加权计算填制。

$$本年实际材料耗用=\frac{1—11月材料耗用\times1—11月产量+本月实际总耗用}{1—11月产量+本月产量}$$

最后编制“全部产品成本表”，企业生产的两种产品均为可比产品，即以前年度生产过的产品。填写在可比产品中“1.普通内衣”“2.精品内衣”。

根据“主要产品单位成本表”填写“实际产量”“单位成本”两大列数据。

“本月总成本”为“实际产量——本月”与各“单位成本——上年实际平均、本年计划、本月实际”分别相乘填列。

“本年累计总成本”为“实际产量——本年累计”与各“单位成本——上年实际平均、本年计划、本年累计实际平均”分别相乘填列。

分别求出可比产品合计和全部产品生产成本合计。

第五节　原始凭证

凭证 4-1-1

领　　料　　单　　　　No.　123001

领料部门：裁剪车间　　　　2020年12月01日

领料用途：车间一般耗用

材料名称	规格	单位	数量		成本	
			请领	实发	单价	总价
量具		套	30	30		
合　计						

第二联：记账联

车间主管：刘磊　　　　会计：李云　　　　发料人：张元　　　　领料人：陈希

凭证 4-1-2

领　　料　　单　　　　No.　123002

领料部门：缝纫车间　　　　2020年12月01日

领料用途：车间一般耗用

材料名称	规格	单位	数量		成本	
			请领	实发	单价	总价
量具		套	50	50		
工具		套	30	30		
合　计						

第二联：记账联

车间主管：王彤　　　　会计：李云　　　　发料人：张元　　　　领料人：程宜

凭证 4-1-3

领　　料　　单　　No. 123003

领料部门：成衣车间　　2020年12月01日

领料用途：车间一般耗用

材料名称	规格	单位	数量		成本	
			请领	实发	单价	总价
量具		套	30	30		
工具		套	10	10		
合　计						

第二联：记账联

车间主管：李岩　　会计：李云　　发料人：张元　　领料人：卫牧

凭证 4-1-4

领　　料　　单　　No. 123004

领料部门：修理车间　　2020年12月01日

领料用途：车间一般耗用

材料名称	规格	单位	数量		成本	
			请领	实发	单价	总价
机油		升	10	10		
合　计						

第二联：记账联

车间主管：宋松　　会计：李云　　发料人：张元　　领料人：王都

凭证 4-1-5

领　料　单

No. 123005

领料部门：厂部管理　　2020年12月01日

领料用途：检验与设计

材料名称	规格	单位	数量		成本	
			请领	实发	单价	总价
量具		套	5	5		
合　计						

第二联：记账联

车间主管：杨海　　会计：李云　　发料人：张元　　领料人：王梅梅

凭证 4-2-1

中国银行
转账支票存根
10403720
01530230

附加信息

出票日期 2020 年 12 月 03 日

收款人：	青州图叶纺织商贸公司
金额：	¥639 693.00
用途：	购材料款

单位主管 杨海涛　会计 王小天

烟台证券印制有限公司 • 2019年印制

中国银行　转账支票　10403720 01530230

出票日期（大写）　贰零贰零年壹拾贰月零叁日　付款行名称：开发区港城路支行

收款人：青州图叶纺织商贸公司　出票人账号：102451015368

付款期限自出票之日起十天

人民币（大写）	亿	千	百	十	万	千	百	十	元	角	分
陆拾叁万玖仟陆佰玖拾叁元整			¥	6	3	9	6	9	3	0	0

用　途　购材料款

上列款项请从我账户内支付

出票人签章　烟台美诺纺织有限公司 财务专用章　杨涛海印

密码　5930 3870 2384 0290

行号　160602190922120098 9

复核　　记账

烟台证券印制有限公司 • 2019年印制

附加信息	被背书人：	被背书人：
	背书人签章 年　月　日	背书人签章 年　月　日

（贴粘单处）

根据《中华人民共和国票据法》等法律法规的规定，签发空头支票由中国人民银行处以票面金额 5% 但不低于 1000元 的罚款。

凭证 4-2-2

3700202130 山东增值税专用发票 No 06860124 3700202130 06860124

抵扣联

开票日期：2020年12月03日

购买方	名　　称：烟台芙诺纺织有限公司 纳税人识别号：91370662922133527 地 址、电 话：烟台市开发区港城路103号0535-69151029 开户行及账号：中国银行开发区港城路支行102451015368	密码区	1<6<6>**580331/373>67<599<< ++8+505>4-<+>/0<38+70/420/> 09>>+-*93+>6401/3/4541*2<-3 -*2+88++5/320+6+*<2<>0+19<7

货物或应税劳务、服务名称	规格型号	单位	数量	单价	金额	税率	税额
*针织、编织物*精梳棉		匹	80	2500.00	200000.00	13%	26000.00
*针织、编织物*包边条		盘	1800	6.00	10800.00	13%	1404.00
*针织、编织物*定制螺纹		匹	100	3500.00	350000.00	13%	45500.00
*剪刀及类似品*工具		套	100	17.00	1700.00	13%	221.00
*绘图工具*量具		套	100	36.00	3600.00	13%	468.00
合　计					566100.00		73593.00
价税合计（大写）	⊗陆拾叁万玖仟陆佰玖拾叁圆整				（小写）¥639693.00		

销售方	名　　称：青州图叶纺织商贸公司 纳税人识别号：91370101322121004 地 址、电 话：山东省青州市经十路12号0532-72263780 开户行及账号：工商银行经十路支行1606021909221200989	备注	青州图叶纺织商贸公司 91370101322121004 发票专用章

收款人：王长宁　　复核：肖婉婉　　开票人：王华　　销售方：（章）

第二联：抵扣联　购买方抵扣凭证

凭证 4-2-3

3700202130 山东增值税专用发票 No 06860124 3700202130 06860124

发票联

开票日期：2020年12月03日

购买方	名　　称：烟台芙诺纺织有限公司 纳税人识别号：91370662922133527 地 址、电 话：烟台市开发区港城路103号0535-69151029 开户行及账号：中国银行开发区港城路支行102451015368	密码区	1<6<6>**580331/373>67<599<< ++8+505>4-<+>/0<38+70/420/> 09>>+-*93+>6401/3/4541*2<-3 -*2+88++5/320+6+*<2<>0+19<7

货物或应税劳务、服务名称	规格型号	单位	数量	单价	金额	税率	税额
*针织、编织物*精梳棉		匹	80	2500.00	200000.00	13%	26000.00
*针织、编织物*包边条		盘	1800	6.00	10800.00	13%	1404.00
*针织、编织物*定制螺纹		匹	100	3500.00	350000.00	13%	45500.00
*剪刀及类似品*工具		套	100	17.00	1700.00	13%	221.00
*绘图工具*量具		套	100	36.00	3600.00	13%	468.00
合　计					566100.00		73593.00
价税合计（大写）	⊗陆拾叁万玖仟陆佰玖拾叁圆整				（小写）¥639693.00		

销售方	名　　称：青州图叶纺织商贸公司 纳税人识别号：91370101322121004 地 址、电 话：山东省青州市经十路12号0532-72263780 开户行及账号：工商银行经十路支行1606021909221200989	备注	青州图叶纺织商贸公司 91370101322121004 发票专用章

收款人：王长宁　　复核：肖婉婉　　开票人：王华　　销售方：（章）

第三联：发票联　购买方记账凭证

凭证 4-2-4

入　　库　　单

No.　R123001

发货单位：青州图叶纺织商贸公司　　2020年12月03日

材料名称	规格	单位	数量		单价	金额	运杂费	总价
			凭证	实收				
精梳棉布	1A	匹	80	80	2 500.00	200 000.00	—	200 000.00
包边条		盘	1 800	1 800	6.00	10 800.00	—	10 800.00
定制螺纹		匹	100	100	3 500.00	350 000.00	—	350 000.00
合　计						560 800.00	—	560 800.00

记账联

仓库主管：林丰　　会计：李云　　仓库验收：张元　　采购员：张玉树

凭证 4-3-1

领　　料　　单

No.　123006

领料部门：裁剪车间　　2020年12月03日

领料用途：生产普通内衣

材料名称	规格	单位	数量		成本	
			请领	实发	单价	总价
普通内衣		件	8 000	8 000		
合　计						

第二联：记账联

车间主管：刘磊　　会计：李云　　发料人：张元　　领料人：陈希

凭证 4-3-2

领 料 单

No. 123007

领料部门：裁剪车间 2020年12月03日

领料用途：生产精品内衣

材料名称	规格	单位	数量		成本	
			请领	实发	单价	总价
精品内衣		件	20 000	20 000		
合 计						

第二联：记账联

车间主管：刘磊 会计：李云 发料人：张元 领料人：陈希

凭证 4-4-1

领 料 单

No. 123008

领料部门：成衣车间 2020年12月04日

领料用途：投产普通内衣

材料名称	规格	单位	数量		成本	
			请领	实发	单价	总价
标签		包	25	25		
水洗唛		包	25	25		
包装袋		包	25	25		
合 计						

第二联：记账联

车间主管：李岩 会计：李云 发料人：张元 领料人：卫牧

凭证 4-4-2

领　　料　　单

No. 123009

领料部门：成衣车间　　2020年12月04日

领料用途：投产精品内衣

材料名称	规格	单位	数量		成本	
			请领	实发	单价	总价
标签		包	15	15		
水洗唛		包	15	15		
包装袋		包	15	15		
包装盒		箱	15	15		
合　计						

第二联：记账联

车间主管：李岩　　会计：李云　　发料人：张元　　领料人：卫牧

凭证 4-5

领　　料　　单

No. 123010

领料部门：缝纫车间　　2020年12月06日

领料用途：生产两种内衣

材料名称	规格	单位	数量		成本	
			请领	实发	单价	总价
缝纫线		卷	300	300		
包边条		盘	1 950	1 950		
合　计						

第二联：记账联

车间主管：王彤　　会计：李云　　发料人：张元　　领料人：程宜

凭证 4-6-1

<table>
<tr><td colspan="8">出　差　申　请　单　　NO：A20201201</td></tr>
<tr><td colspan="8">2020年12月03日</td></tr>
<tr><td rowspan="2">出差单位</td><td rowspan="2">销售科</td><td rowspan="2">出差人</td><td rowspan="2">刘祥</td><td rowspan="2">职务</td><td rowspan="2">销售员</td><td>出差地点</td><td>杭州</td></tr>
<tr><td>出差时间</td><td>4天</td></tr>
<tr><td>出差事由</td><td colspan="4">与天猫旗舰店商谈代工销售事宜</td><td>经费预算金额（大写）</td><td colspan="2">贰仟元整</td></tr>
<tr><td>部门负责人批示</td><td colspan="4">同意</td><td>出差人签章</td><td>刘祥</td><td>其他事项　无</td></tr>
<tr><td>部门负责人签章</td><td colspan="4">刘祥</td><td>财务负责人审核意见</td><td colspan="2">同意　王小天</td></tr>
</table>

凭证 4-6-2

差旅费报销单

日期：　2020年12月08日

<table>
<tr><td colspan="2">出差人姓名</td><td colspan="3">刘祥</td><td colspan="2">所属部门</td><td colspan="3">销售部</td></tr>
<tr><td colspan="2">出差地点</td><td colspan="3">杭州</td><td colspan="2">起止日期</td><td colspan="3">自12月4日至12月7日，共4天</td></tr>
<tr><td>出差事由</td><td colspan="9">与天猫旗舰店商谈代工销售事宜</td></tr>
<tr><td rowspan="5">交通及住宿费</td><td>种类</td><td>单据张数</td><td>开支金额</td><td>核准金额</td><td rowspan="5">出差补助费</td><td>种类</td><td>天数</td><td>标准</td><td>金额</td></tr>
<tr><td>城市间交通费</td><td>4</td><td>1 000.00</td><td>1 000.00</td><td>伙食补贴</td><td>4</td><td>50.00</td><td>200.00</td></tr>
<tr><td>住　宿　费</td><td>3</td><td>600.00</td><td>600.00</td><td>公杂补贴</td><td>4</td><td>30.00</td><td>120.00</td></tr>
<tr><td></td><td></td><td></td><td></td><td></td><td></td><td></td><td></td></tr>
<tr><td>小　　计</td><td></td><td>1 600.00</td><td>1 600.00</td><td>小计</td><td></td><td></td><td>320.00</td></tr>
<tr><td colspan="2">金额合计</td><td colspan="6">（大写）壹仟玖佰贰拾元整</td><td colspan="2">￥1920元</td></tr>
<tr><td colspan="2" rowspan="2">报销结算情况</td><td>原出差借款</td><td colspan="3">￥0.00</td><td colspan="2">报销金额</td><td colspan="2">￥1,920.00</td></tr>
<tr><td>退回金额</td><td colspan="3">0.00</td><td colspan="2">补发金额</td><td colspan="2">￥1,920.00</td></tr>
</table>

经办人：刘祥　部门经理：刘祥　财务经理：王小天　总经理：杨海涛　出纳：张彩凤

凭证 4-7

内部半成品交接单　　No.　J01908

交货车间：裁剪车间　　　2020年12月10日
收货车间：缝纫车间

品名	规格型号	单位	请发数量	实发数量	流转编号	备注
普通裁片	A11	套	15 000	15 000	1201	
精品裁片	B12	套	20 000	20 000	1202	
合计						

记账联

发货主管：刘磊　　收货主管：王彤　　会计：李云　　质检：赵成

凭证 4-8-1

中国银行
转账支票存根
10403720
01530232
附加信息

出票日期 2020 年 12 月 11 日
收款人：烟来百货公司
金额：¥2 800.00
用途：劳保费
单位主管 杨海涛　会计 王小天

烟台证券印制有限公司·2019年印制

中国银行　转账支票　10403720 01530232

出票日期(大写)　贰零贰零年壹拾贰月壹拾壹日　付款行名称：开发区港城路支行
收款人：烟来百货公司　出票人账号：102451015368

人民币(大写)	贰仟捌佰元整	亿	千	百	十	万	千	百	十	元	角	分
						¥	2	8	0	0	0	0

付款期限自出票之日起十天

用途 劳保费
上列款项请从
我账户内支付
出票人签章

密码 1830 3244 2004 0129
行号 102451010018
复核　　记账

烟台美诺纺织有限公司 财务专用章
杨涛海印

附加信息

收款人签章
年　月　日

身份证件名称：　　发证机关：
号码

（贴粘单处）

根据《中华人民共和国票据法》等法律法规的规定，签发空头支票由中国人民银行处以票面金额 5% 但不低于 1000元 的罚款。

烟台证券印制有限公司·2019年印制

凭证 4-8-2

中国银行 转账支票存根 10403720 01530231	中国银行 转账支票	10403720 01530231
附加信息	出票日期(大写) 贰零贰零年壹拾贰月壹拾壹日	付款行名称：开发区港城路支行
	收款人：人民出版社（山东）	出票人账号：102451015368
	人民币（大写） 玖佰陆拾元整	亿 千 百 十 万 千 百 十 元 角 分 ¥ 9 6 0
出票日期 2020 年 12 月 11 日	付款期限自出票之日起十天 用途 报刊费	密码 1830 3244 2004 0129
收款人：人民出版社（山东）	上列款项请从我账户内支付	行号 102451010018
金额：¥960.00	出票人签章 杨涛海印	复核 记账
用途：报刊费		
单位主管 杨海涛 会计 王小天		

烟台证券印制有限公司·2019年印制

附加信息	被背书人：	被背书人：	（贴粘单处）
	背书人签章 年 月 日	背书人签章 年 月 日	根据《中华人民共和国票据法》等法律法规的规定，签发空头支票由中国人民银行处以票面金额 5% 但不低于 1000元 的罚款。

烟台证券印制有限公司·2019年印制

凭证 4-8-3

山东增值税电子普通发票

发票代码：037002000111
发票号码：36701292
开票日期：2020年12月11日
校验码：23422 17637 23749 23881

购买方	名称：烟台芙诺纺织有限公司 纳税人识别号：91370662922133527 地址、电话：烟台市开发区港城路103号0535-69151029 开户行及账号：中国银行开发区港城路支行102451015368	密码区	1<6<6>**580331/373>67<599<< ++8+505>4-<+>/0<38+70/420/> 09>>+-*93+>6401/3/4541*2<-3 -*2+88++5/320+6+*<2<>0+19<7

货物或应税劳务、服务名称	规格型号	单位	数量	单价	金额	税率	税额
*靴鞋零件、护腿及类似品*劳保用品费			1	2477.88	2477.88	13%	322.12
合计					2477.88		322.12
价税合计（大写）	⊗贰仟捌佰圆整				（小写）¥2800.00		

销售方	名称：烟来百货公司 纳税人识别号：913701012282175lH 地址、电话：烟台市烟来路26号0535-72925670 开户行及账号：中国银行烟来路分理处102451010018	备注	烟来百货公司 9137010122821751H 发票专用章

收款人：王彦虎　　复核：田甜　　开票人：宋秋燕　　销售方：（章）

凭证 4-8-4

3700202130 山东增值税专用发票 No 01983217 3700202130 01983217

抵扣联

开票日期：2020年12月11日

购买方	名　　称：烟台芙诺纺织有限公司 纳税人识别号：91370662922133527 地址、电话：烟台市开发区港城路103号0535-69151029 开户行及账号：中国银行开发区港城路支行102451015368			密码区	1<6<6>**580331/373>67<599<< ++8+505>4-<+>/0<38+70/420/> 09>>+-*93+>6401/3/4541*2<-3 -*2+88++5/320+6+*<2<>0+19<7		
货物或应税劳务、服务名称	规格型号	单位	数量	单价	金额	税率	税额
*有刊号图书、报纸、期刊类印刷品*报刊费			1	880.73	880.73	9%	79.27
合　计					880.73		79.27
价税合计（大写）	⊗玖佰陆拾圆整				（小写）¥960.00		
销售方	名　　称：人民出版社（山东） 纳税人识别号：91370101001213 25J 地址、电话：济南市历山路26号0535-72925670 开户行及账号：中国银行历山路支行102451013500			备注	人民出版社（山东） 9137010100121325J 发票专用章		

收款人：刘元　　复核：钱玉莲　　开票人：陈静　　销售方：（章）

第二联：抵扣联　购买方抵扣凭证

凭证 4-8-5

3700202130 山东增值税专用发票 No 01983217 3700202130 01983217

发票联

开票日期：2020年12月11日

购买方	名　　称：烟台芙诺纺织有限公司 纳税人识别号：91370662922133527 地址、电话：烟台市开发区港城路103号0535-69151029 开户行及账号：中国银行开发区港城路支行102451015368			密码区	1<6<6>**580331/373>67<599<< ++8+505>4-<+>/0<38+70/420/> 09>>+-*93+>6401/3/4541*2<-3 -*2+88++5/320+6+*<2<>0+19<7		
货物或应税劳务、服务名称	规格型号	单位	数量	单价	金额	税率	税额
*有刊号图书、报纸、期刊类印刷品*报刊费			1	880.73	880.73	9%	79.27
合　计					880.73		79.27
价税合计（大写）	⊗玖佰陆拾圆整				（小写）¥960.00		
销售方	名　　称：人民出版社（山东） 纳税人识别号：9137010100121325J 地址、电话：济南市历山路26号0535-72925670 开户行及账号：中国银行历山路支行102451013500			备注	人民出版社（山东） 9137010100121325J 发票专用章		

收款人：刘元　　复核：钱玉莲　　开票人：陈静　　销售方：（章）

第三联：发票联　购买方记账凭证

凭证 4-8-6

劳保费用分配表

类别：劳保费　　　　2020年12月　　　　金额单位：元

车间名称	分配标准（人数）	分配率	应分配劳保费用
裁剪车间	7		
缝纫车间	9		
成衣车间	8		
机修车间	2		
运输队	2		
合计	28		

审核：　　　　制表：

凭证 4-9

费　用　报　销　单

No. 980235

报销部门：　　　　年　　月　　日

报销项目	金额 千	百	十	万	千	百	十	元	角	分	备注	
											领导审批	
合　　计												
金额大写：	原借款：						补（退）款：					

附件　　张

会计主管：　　　　复核：　　　　出纳：　　　　报销人：

凭证 4-10

内　部　交　库　单

No.　N123001

交库单位：缝纫车间　　　　2020年12月16日

材料名称	规格	单位	数量		单价	金额	运杂费	总价
			凭证	实收				
半成品	普通内衣	件	25 000	25 000				
半成品	精品内衣	件	15 000	15 000				
合　计								

记账联

仓库主管：林丰　　会计：李云　　仓库验收：张元　　交接人：王彤

凭证 4-11-1

领　料　单

No.　123011

领料部门：裁剪车间　　　　2020年12月20日

领料用途：车间一般耗用

材料名称	规格	单位	数量		成本	
			请领	实发	单价	总价
机油		升	2	2		
合　计						

第二联：记账联

车间主管：刘磊　　会计：李云　　发料人：张元　　领料人：陈希

凭证 4-11-2

领　　料　　单　　　　No. 123012

领料部门：缝纫车间　　　　2020年12月20日

领料用途：车间一般耗用

材料名称	规格	单位	数量		成本	
			请领	实发	单价	总价
机油		升	5	5		
合　计						

第二联：记账联

车间主管：王彤　　会计：李云　　发料人：张元　　领料人：程宜

凭证 4-11-3

领　　料　　单　　　　No. 123013

领料部门：成衣车间　　　　2020年12月20日

领料用途：车间一般耗用

材料名称	规格	单位	数量		成本	
			请领	实发	单价	总价
机油		升	3	3		
合　计						

第二联：记账联

车间主管：李岩　　会计：李云　　发料人：张元　　领料人：卫牧

凭证4-11-4

领料单

No. 123014

领料部门：修理车间　　2020年12月20日

领料用途：车间一般耗用

材料名称	规格	单位	数量		成本	
			请领	实发	单价	总价
机油		升	10	10		
合　计						

第二联：记账联

车间主管：宋松　　会计：李云　　发料人：张元　　领料人：王都

凭证4-11-5

领料单

No. 123015

领料部门：运输队　　2020年12月20日

领料用途：一般耗用

材料名称	规格	单位	数量		成本	
			请领	实发	单价	总价
机油		升	12	12		
合　计						

第二联：记账联

车间主管：王石　　会计：李云　　发料人：张元　　领料人：赵四

凭证 4-12

领　　料　　单　　　No. 123016

领料部门：成衣车间　　　2020年12月20日

领料用途：分别生产各种内衣

材料名称	规格	单位	数量		成本	
			请领	实发	单价	总价
普通内衣半成品		件	20 000	20 000		
精品内衣半成品		件	18 000	18 000		
合　计						

第二联：记账联

车间主管：李岩　　会计：李云　　发料人：张元　　领料人：卫牧

凭证 4-13-1

中国银行
现金支票存根
10403710
01532119

附加信息

出票日期 2020 年 12 月 21 日

收款人：真好零配件公司

金额：¥1 000.00

用途：配件费

单位主管 杨海涛　会计 王小天

烟台证券印制有限公司・2019年印制

中国银行　现金支票　10403710　01532119

出票日期(大写)　贰零贰零年壹拾贰月贰拾壹日　付款行名称：开发区港城路支行

收款人：真好零配件公司　出票人账号：102451013173

人民币(大写)	壹仟元整	亿	千	百	十	万	千	百	十	元	角	分
						¥	1	0	0	0	0	0

付款期限自出票之日起十天

用途 配件费

上列款项请从

我账户内支付

出票人签章

密码 3849 2009 1289 5620

复核　　记账

烟台美诺纺织有限公司 财务专用章

杨涛海印

附加信息	被背书人：	被背书人：
	背书人签章 年　月　日	背书人签章 年　月　日

烟台证券印制有限公司・2019年印制

（贴粘单处）

根据《中华人民共和国票据法》等法律法规的规定，签发空头支票由中国人民银行处以票面金额 5% 但不低于 1000元 的罚款。

凭证 4-13-2

山东增值税电子普通发票

发票代码：037002000111
发票号码：36700028
开票日期：2020年12月21日
校验码：23422 11297 23749 15165

购买方	名　　称：烟台芙诺纺织有限公司 纳税人识别号：91370662922133527 地 址、电 话：烟台市开发区港城路103号0535-69151029 开户行及账号：中国银行开发区港城路支行102451 15368	密码区	1<6<6>**580331/373>67<599<< ++8+505>4-<+>/0<38+70/420/> 09>>+-*93+>6401/3/4541*2<-3 -*2+88++5/320+6+*<2<>0+19<7

货物或应税劳务、服务名称	规格型号	单位	数量	单价	金额	税率	税额
*缝纫机及其零件*零配件			1	884.96	884.96	13%	115.04
合　　计					884.96		115.04
价税合计（大写）	⊗壹仟圆整				（小写）¥1000.00		

销售方	名　　称：真好零配件公司 纳税人识别号：91370101221200511 地 址、电 话：烟台市黄务大街20号0535-72999330 开户行及账号：中国银行黄务大街分理处102450063562	备注	真好零配件公司 91370101221200511 发票专用章

收款人：蔡明　　复核：王璐璐　　开票人：杨彤彤　　销售方：（章）

凭证 4-14-1

山东增值税专用发票

3700202130　　No 06860223　　3700202130
06860223

抵扣联

开票日期：2020年12月24日

购买方	名　　称：烟台芙诺纺织有限公司 纳税人识别号：91370662922133527 地 址、电 话：烟台市开发区港城路103号0535-69151029 开户行及账号：中国银行开发区港城路支行102451015368	密码区	1<6<6>**580331/373>67<599<< ++8+505>4-<+>/0<38+70/420/> 09>>+-*93+>6401/3/4541*2<-3 -*2+88++5/320+6+*<2<>0+19<7

货物或应税劳务、服务名称	规格型号	单位	数量	单价	金额	税率	税额
*缝纫线*缝纫线		卷	160	3.00	480.00	13%	62.40
合　　计					480.00		62.40
价税合计（大写）	⊗伍佰肆拾贰圆肆角				（小写）¥542.40		

销售方	名　　称：青州图叶纺织商贸公司 纳税人识别号：91370101322121004 地 址、电 话：山东省青州市经十路12号0532-72263780 开户行及账号：工商银行经十路支行1606021909221200989	备注	青州图叶纺织商贸公司 91370101322121004 发票专用章

收款人：王长宁　　复核：肖婉婉　　开票人：王华　　销售方：（章）

第二联：抵扣联　购买方抵扣凭证

凭证 4-14-2

3700202130 **山东增值税专用发票** No 06860223 3700202130 06860223

发票联

开票日期：2020年12月24日

购买方		密码区	
名　　称：	烟台芙诺纺织有限公司		1<6<6>**580331/373>67<599<<
纳税人识别号：	91370662922133527		++8+505>4-<+>/0<38+70/420/>
地址、电话：	烟台市开发区港城路103号0535-69151029		09>>+-*93+>6401/3/4541*2<-3
开户行及账号：	中国银行开发区港城路支行102451015368		-*2+88++5/320+6+*<2<>0+19<7

货物或应税劳务、服务名称	规格型号	单位	数量	单价	金额	税率	税额
*缝纫线*缝纫线		卷	160	3.00	480.00	13%	62.40
合　计					480.00		62.40
价税合计（大写）	⊗伍佰肆拾贰圆肆角				（小写）¥542.40		

销售方		备注
名　　称：	青州图叶纺织商贸公司	青州图叶纺织商贸公司 91370101322121004 发票专用章
纳税人识别号：	91370101322121004	
地址、电话：	山东省青州市经十路12号0532-72263780	
开户行及账号：	工商银行经十路支行1606021909221200989	

收款人：王长宁　　复核：肖婉婉　　开票人：王华　　销售方：（章）

第三联：发票联　购买方记账凭证

凭证 4-14-3

3700202130 **山东增值税专用发票** No 01321554 3700202130 01321554

抵扣联

开票日期：2020年12月24日

购买方		密码区	
名　　称：	烟台芙诺纺织有限公司		1<6<6>**580331/373>67<599<<
纳税人识别号：	91370662922133527		++8+505>4-<+>/0<38+70/420/>
地址、电话：	烟台市开发区港城路103号0535-69151029		09>>+-*93+>6401/3/4541*2<-3
开户行及账号：	中国银行开发区港城路支行102451015368		-*2+88++5/320+6+*<2<>0+19<7

货物或应税劳务、服务名称	规格型号	单位	数量	单价	金额	税率	税额
*包装用纸及纸板*包装盒		箱	100	25.00	2500.00	13%	325.00
合　计					2500.00		325.00
价税合计（大写）	⊗贰仟捌佰贰拾伍圆整				（小写）¥2825.00		

销售方		备注
名　　称：	烟台市春阳印刷包装公司	烟台市春阳印刷包装公司 91370101335821266 发票专用章
纳税人识别号：	91370101335821266	
地址、电话：	烟台黄亭区春阳路1号0535-82303300	
开户行及账号：	工商银行春阳路分理处120565560028	

收款人：刘备　　复核：陈晓梅　　开票人：龙藤　　销售方：（章）

第二联：抵扣联　购买方抵扣凭证

凭证 4-14-4

3700202130　　**山东增值税专用发票**　　No 01321554　3700202130 01321554

发票联

开票日期：2020年12月24日

购买方	名　　称：烟台芙诺纺织有限公司 纳税人识别号：91370662922133527 地 址、电 话：烟台市开发区港城路103号0535-69151029 开户行及账号：中国银行开发区港城路支行102451015368	密码区	1<6<6>**580331/373>67<599<< ++8+505>4-<+>/0<38+70/420/> 09>>+-*93+>6401/3/4541*2<-3 -*2+88++5/320+6+*<2<>0+19<7

货物或应税劳务、服务名称	规格型号	单位	数量	单价	金额	税率	税额
*包装用纸及纸板*包装盒		箱	100	25.00	2500.00	13%	325.00
合　计					2500.00		325.00
价税合计（大写）	⊗贰仟捌佰贰拾伍圆整				（小写）¥2825.00		

销售方	名　　称：烟台市春阳印刷包装公司 纳税人识别号：91370101335821266 地 址、电 话：烟台黄亭区春阳路1号0535-82303300 开户行及账号：工商银行春阳路分理处120565560028	备注	烟台市春阳印刷包装公司 91370101335821266 发票专用章

收款人：刘备　　复核：陈晓梅　　开票人：龙藤　　销售方：（章）

第三联：发票联　购买方记账凭证

凭证 4-14-5

入　　库　　单

No. R123003

发货单位：烟台市春阳印刷包装公司　　2020年12月24日

材料名称	规格	单位	数量		单价	金额	运杂费	总价
			凭证	实收				
包装盒		箱	100	100	25.00	2 500.00	—	2 500.00
合　计						2 500.00	—	2 500.00

记账联

仓库主管：林丰　　会计：李云　　仓库验收：张元　　采购员：张玉树

凭证 4-14-6

入　　库　　单

No.　R12304

发货单位：青州图叶纺织商贸公司　　2020年12月24日

材料名称	规格	单位	数量		单价	金额	运杂费	总价
			凭证	实收				
缝纫线		卷	160	160	3.00	480.00	—	480.00
合　计						480.00	—	480.00

记账联

仓库主管：林丰　　会计：李云　　仓库验收：张元　　采购员：张玉树

凭证 4-15

内　部　交　库　单

No.　N123002

交库单位：成衣车间　　2020年12月28日

材料名称	规格	单位	数量		单价	金额	运杂费	总价
			凭证	实收				
精品内衣		件	20 000	20 000				
普通内衣		件	15 000	15 000				
合　计								

记账联

仓库主管：林丰　　会计：李云　　仓库验收：张元　　交接人：李岩

凭证 4-16

烟台芙诺纺织有限公司存货计价表

2020年12月　　　　金额单位：元

材料类别	品种	单位	期初结存			本月收入			平均单价
			数量	单价	金额	数量	单价	金额	
原料及主要材料	针织棉布	匹							
	精梳棉布	匹							
	包边条	盘							
	定制螺纹	匹							
周转材料	缝纫线	卷							
	包装袋	包							
	包装盒	箱							
	标签	包							
	水洗唛	包							
	工具	套							
	机油	升							
	量具	套							

复核　　　　制单

凭证 4-17

烟台芙诺纺织有限公司材料领用汇总表

2020年12月

受益单位 / 材料类别			裁剪车间			缝纫车间			成衣车间			机修车间	运输队	管理部门	合计
			普通内衣产品用	精品内衣产品用	一般耗用	普通内衣产品用	精品内衣产品用	一般耗用	普通内衣产品用	精品内衣产品用	一般耗用				
原料及主要材料	针织棉布	数量（匹）													
		金额（元）													
	精梳棉布	数量（匹）													
		金额（元）													
	包边条	数量（盘）													
		金额（元）													
	定制螺纹	数量（匹）													
		金额（元）													
周转材料	标签	数量（包）													
		金额（元）													
	水洗唛	数量（包）													
		金额（元）													
	缝纫线	数量（卷）													
		金额（元）													
	包装袋	数量（包）													
		金额（元）													
	包装盒	数量（箱）													
		金额（元）													
	工具	数量（套）													
		金额（元）													
	机油	数量（升）													
		金额（元）													
	量具	数量（套）													
		金额（元）													
合计															

复核　　　　制单

凭证 4-18-1

烟台芙诺纺织有限职工薪酬汇总表

2020年12月　　单位：元

部门	职位	人员	应付工资				应付其他薪酬				总计
			基本工资	津贴	奖金	合计	福利费（14%）	保险金（20%）	住房公积金（10%）	合计	
裁剪车间	车间管理	刘磊	3 600	1 000	1 000	5 600	784	1 120	560	2 464	8 604
裁剪车间	工人	陈希等	32 000	3 000	16 000	51 000	7 140	10 200	5 100	22 440	73 440
缝纫车间	车间管理	王彤	4 200	1 000	1 200	6 400	896	1 280	640	2 816	9 216
缝纫车间	工人	程宜等	36 000	4 000	18 000	58 000	8 120	11 600	5 800	25 520	83 520
成衣车间	车间管理	李岩	3 500	1 000	1 200	5 700	798	1 140	570	2 508	8 208
成衣车间	工人	卫牧等	20 000	2 000	9 000	31 000	4 340	6 200	3 100	13 640	44 640
机修车间	工人	宋松等	3 000	1 000	500	4 500	630	900	450	1 980	6 480
运输队	工人	王石等	4 000	600	800	5 400	756	1 080	540	2 376	7 776
管理部	厂长	杨海涛	5 000	1 500	5 000	11 500	1 610	2 300	1 150	5 060	16 560
管理部	行政人员	王鸥	4 200	1 000	500	5 700	798	1 140	570	2 508	8 208
厂部管理	库管部	林丰等	15 000	3 000	1 500	19 500	2 730	3 900	1 950	8 580	28 080
销售部	经理	刘祥	3 000	1 500	3 200	7 700	1 078	1 540	770	3 388	11 088
财务部	主管	王小天	2 000	1 000	1 000	4 000	560	800	400	1 760	5 760
财务部	会计	李云	1 800	600	500	2 900	406	580	290	1 276	4 176
财务部	出纳	张彩凤	2 000	600	500	3 100	434	620	310	1 364	4 464
合计			139 300	22 800	59 900	222 000	31 080	44 400	22 200	97 680	319 680

复核：王小天　　制单：李云

凭证4-18-2

烟台芙诺纺织有限公司职工薪酬分配表

2020年12月　　　　金额单位：元

车间名称	产品名称	生产工时	分配率	应分配薪酬费用
裁剪车间	普通内衣			
	精品内衣			
	小计			
缝纫车间	普通内衣			
	精品内衣			
	小计			
成衣车间	普通内衣			
	精品内衣			
	小计			
合计				

审核:　　　　制表:

凭证 4-19

烟台芙诺纺织有限公司折旧计提单

2020年12月　　　　金额单位：元

使用部门	固定资产项目	固定资产原值	月折旧率	本月应计提折旧额
裁剪车间	建筑物	6 500 000	0.50%	
	机器设备	3 500 000	1.50%	
	小计	10 000 000		
缝纫车间	建筑物	6 500 000	0.50%	
	机器设备	3 500 000	1.50%	
	小计	10 000 000		
成衣车间	建筑物	6 500 000	0.50%	
	机器设备	3 500 000	1.50%	
	小计	10 000 000		
机修车间	建筑物	200 000	0.50%	
	机器设备	350 000	1.50%	
	小计	550 000		
运输队	建筑物	200 000	0.50%	
	车辆	2 000 000	1.50%	
	小计	2 200 000		
管理部	建筑物	4 000 000	0.50%	
	办公设备	200 000	1.50%	
	小计	4 200 000		
销售部	建筑物	4 000 000	0.50%	
	办公设备	200 000	1.50%	
	小计	4 200 000		
合　计				

复核：　　　　制单：

凭证 4-20

车辆保险费分配表

2020年12月　　金额单位：元

使用部门	年交额（预付账款）	本月应摊销
运输队	15 000	
管理部	12 000	
销售部	3 000	
合计	30 000	

复核：　　制单：

凭证 4-21

水 电 费 分 配 表

2020年12月　　金额单位：元

使用部门	水费		电费		合计
	数量（吨）	金额	数量（千瓦时）	金额	
裁剪车间	100		1 200		
缝纫车间	150		9 000		
成衣车间	130		1 400		
机修车间	2		1 000		
运输队	3		200		
管理部	20		1 000		
销售部	15		500		
合计	420		14 300		

复核：　　制单：

凭证 4-22-1

辅助生产受益情况

2020年12月

受益对象（生产单位和部门）	修理工作量（小时）	运输工作量（吨千米）
机修车间		3 000
运输队	10	
裁剪车间	34	3 000
缝纫车间	42	4 200
成衣车间	50	4 700
管理部	28	10 000
销售部	20	16 800
合计	184	41 700

凭证 4-22-2

辅助生产成本分配表

2020年12月　　金额单位：元

项目	分配修理费		分配运输费	
	数量（小时）	金额	数量（千米）	金额
待分配费用				
劳务供应总量				
费用分配率（计划成本）				
受益对象				
机修车间				
运输队				
裁剪车间				
缝纫车间				
成衣车间				
管理部				
销售部				
按计划成本分配合计				
实际成本				
差异				

复核：　　　　制单：

凭证 4-23

制造费用分配表

2020年12月　　　　金额单位：元

车间	产品	实际工时（小时）	分配金额
裁剪车间	普通内衣		
	精品内衣		
	合计		
缝纫车间	普通内衣		
	精品内衣		
	合计		
成衣车间	普通内衣		
	精品内衣		
	合计		

复核：　　　　制单：

凭证 4-24-1

产品成本计算单

车间：裁剪车间　　　　2020年12月31日

产品：普通内衣　　　　单位：元

摘　　要	直接材料	直接人工	制造费用	合计
月初在产品成本				
本月材料费				
本月人工费				
本月制造费				
费用合计				
完工半成品成本				
月末在产品成本				

复核：　　　　制单：

凭证 4-24-2

产品成本计算单

车间：裁剪车间　　　　2020年12月31日

产品：精品内衣　　　　　　　　　　单位：元

摘　　要	直接材料	直接人工	制造费用	合计
月初在产品成本				
本月材料费				
本月人工费				
本月制造费				
费用合计				
完工半成品成本				
月末在产品成本				

复核：　　　　　　　　制单：

凭证 4-25-1

产品成本计算单

车间：缝纫车间　　　　2020年12月31日

产品：普通内衣　　　　　　　　　　单位：元

摘　　要	直接材料	自制半成品	直接人工	制造费用	合计
月初在产品成本					
本月材料费					
本月领用半成品					
本月人工费					
本月制造费					
费用合计					
完工半成品成本					
月末在产品成本					

复核：　　　　　　　　制单：

凭证 4-25-2

产品成本计算单

车间：缝纫车间　　　　2020年12月31日

产品：精品内衣　　　　单位：元

摘　　要	直接材料	自制半成品	直接人工	制造费用	合计
月初在产品成本					
本月材料费					
本月领用半成品					
本月人工费					
本月制造费					
费用合计					
完工半成品成本					
月末在产品成本					

复核：　　　　制单：

凭证 4-27-1

产品成本计算单

车间：成衣车间　　　　2020年12月31日

产品：普通内衣　　　　单位：元

摘　　要	直接材料	自制半成品	直接人工	制造费用	合计
月初在产品成本					
本月材料费					
本月领用半成品					
本月人工费					
本月制造费					
费用合计					
完工产成品成本					
月末在产品成本					

复核：　　　　制单：

凭证 4-27-2

产品成本计算单

车间：成衣车间　　　　2020年12月31日

产品：精品内衣　　　　　　　　　　单位：元

摘　　要	直接材料	自制半成品	直接人工	制造费用	合计
月初在产品成本					
本月材料费					
本月领用半成品					
本月人工费					
本月制造费					
费用合计					
完工产成品成本					
月末在产品成本					

复核：　　　　制单：

附录　实验材料

附录1　品种法实验材料

一、记账凭证

付　款　凭　证

贷方科目：　　　　年　月　日　　　　字　号

摘　要	总账科目	明细科目	借方金额										记账
			千	百	十	万	千	百	十	元	角	分	
合　计													

附件　张

会计主管：　记账：　审核：　出纳：　制单：

付　款　凭　证

贷方科目：　　　　年　月　日　　　　字　号

摘　要	总账科目	明细科目	借方金额										记账
			千	百	十	万	千	百	十	元	角	分	
合　计													

附件　张

会计主管：　记账：　审核：　出纳：　制单：

付　款　凭　证

贷方科目：　　　　　　年　月　日　　　　　　字　号

摘　要	总账科目	明细科目	借方金额										记账
			千	百	十	万	千	百	十	元	角	分	
合　计													

附件　张

会计主管：　　记账：　　审核：　　出纳：　　制单：

付　款　凭　证

贷方科目：　　　　　　年　月　日　　　　　　字　号

摘　要	总账科目	明细科目	借方金额										记账
			千	百	十	万	千	百	十	元	角	分	
合　计													

附件　张

会计主管：　　记账：　　审核：　　出纳：　　制单：

付　款　凭　证

贷方科目：　　　　　　　　　　年　　月　　日　　　　　　　　　　字　　号

摘　要	总账科目	明细科目	借方金额										记账
			千	百	十	万	千	百	十	元	角	分	
合　计													

附件　张

会计主管：　　　　记账：　　　　审核：　　　　出纳：　　　　制单：

付　款　凭　证

贷方科目：　　　　　　　　　　年　　月　　日　　　　　　　　　　字　　号

摘　要	总账科目	明细科目	借方金额										记账
			千	百	十	万	千	百	十	元	角	分	
合　计													

附件　张

会计主管：　　　　记账：　　　　审核：　　　　出纳：　　　　制单：

付　款　凭　证

贷方科目：　　　　　　　　年　　月　　日　　　　　　　　字　　号

摘　要	总账科目	明细科目	借方金额										记账
			千	百	十	万	千	百	十	元	角	分	
合　计													

附件　张

会计主管：　　　　记账：　　　　审核：　　　　出纳：　　　　制单：

付　款　凭　证

贷方科目：　　　　　　　　年　　月　　日　　　　　　　　字　　号

摘　要	总账科目	明细科目	借方金额										记账
			千	百	十	万	千	百	十	元	角	分	
合　计													

附件　张

会计主管：　　　　记账：　　　　审核：　　　　出纳：　　　　制单：

付　款　凭　证

贷方科目：　　　　　　　　年　　月　　日　　　　　　　　字　　号

摘　要	总账科目	明细科目	借方金额										记账
			千	百	十	万	千	百	十	元	角	分	
合　计													

附件　张

会计主管：　　　　记账：　　　　审核：　　　　出纳：　　　　制单：

付　款　凭　证

贷方科目：　　　　　　　　年　　月　　日　　　　　　　　字　　号

摘　要	总账科目	明细科目	借方金额										记账
			千	百	十	万	千	百	十	元	角	分	
合　计													

附件　张

会计主管：　　　　记账：　　　　审核：　　　　出纳：　　　　制单：

转　账　凭　证

年　　月　　日　　　　　　　　　　转字　　号

摘　要	总账科目	明细科目	借方金额										贷方金额										记账
			千	百	十	万	千	百	十	元	角	分	千	百	十	万	千	百	十	元	角	分	
合　计																							

附件　张

会计主管：　　记账：　　审核：　　制单：

转　账　凭　证

年　　月　　日　　　　　　　　　　转字　　号

摘　要	总账科目	明细科目	借方金额										贷方金额										记账
			千	百	十	万	千	百	十	元	角	分	千	百	十	万	千	百	十	元	角	分	
合　计																							

附件　张

会计主管：　　记账：　　审核：　　制单：

转账凭证

年　月　日　　　　转字　号

摘要	总账科目	明细科目	借方金额										贷方金额										记账
			千	百	十	万	千	百	十	元	角	分	千	百	十	万	千	百	十	元	角	分	
合计																							

附件　张

会计主管：　记账：　审核：　制单：

转账凭证

年　月　日　　　　转字　号

摘要	总账科目	明细科目	借方金额										贷方金额										记账
			千	百	十	万	千	百	十	元	角	分	千	百	十	万	千	百	十	元	角	分	
合计																							

附件　张

会计主管：　记账：　审核：　制单：

转　账　凭　证

年　　月　　日　　　　　　　　转字　　号

摘　要	总账科目	明细科目	借方金额										贷方金额										记账
			千	百	十	万	千	百	十	元	角	分	千	百	十	万	千	百	十	元	角	分	
合　计																							

附件　　张

会计主管：　　记账：　　审核：　　制单：

转　账　凭　证

年　　月　　日　　　　　　　　转字　　号

摘　要	总账科目	明细科目	借方金额										贷方金额										记账
			千	百	十	万	千	百	十	元	角	分	千	百	十	万	千	百	十	元	角	分	
合　计																							

附件　　张

会计主管：　　记账：　　审核：　　制单：

转　账　凭　证

年　　月　　日　　　　　　　　转字　　号

摘要	总账科目	明细科目	借方金额										贷方金额										记账
			千	百	十	万	千	百	十	元	角	分	千	百	十	万	千	百	十	元	角	分	
合计																							

附件　　张

会计主管：　　　　记账：　　　　审核：　　　　制单：

转　账　凭　证

年　　月　　日　　　　　　　　转字　　号

摘要	总账科目	明细科目	借方金额										贷方金额										记账
			千	百	十	万	千	百	十	元	角	分	千	百	十	万	千	百	十	元	角	分	
合计																							

附件　　张

会计主管：　　　　记账：　　　　审核：　　　　制单：

转　账　凭　证

年　月　日　　　　转字　号

摘　要	总账科目	明细科目	借方金额										贷方金额										记账
			千	百	十	万	千	百	十	元	角	分	千	百	十	万	千	百	十	元	角	分	
合　计																							

附件　张

会计主管：　　记账：　　审核：　　制单：

转　账　凭　证

年　月　日　　　　转字　号

摘　要	总账科目	明细科目	借方金额										贷方金额										记账
			千	百	十	万	千	百	十	元	角	分	千	百	十	万	千	百	十	元	角	分	
合　计																							

附件　张

会计主管：　　记账：　　审核：　　制单：

转　账　凭　证

年　　月　　日　　　　　　　　转字　　号

摘　要	总账科目	明细科目	借方金额										贷方金额										记账
			千	百	十	万	千	百	十	元	角	分	千	百	十	万	千	百	十	元	角	分	
合　计																							

附件　张

会计主管：　　记账：　　审核：　　制单：

转　账　凭　证

年　　月　　日　　　　　　　　转字　　号

摘　要	总账科目	明细科目	借方金额										贷方金额										记账
			千	百	十	万	千	百	十	元	角	分	千	百	十	万	千	百	十	元	角	分	
合　计																							

附件　张

会计主管：　　记账：　　审核：　　制单：

转　账　凭　证

年　　月　　日　　　　　　　　转字　　号

摘　要	总账科目	明细科目	借方金额										贷方金额										记账
			千	百	十	万	千	百	十	元	角	分	千	百	十	万	千	百	十	元	角	分	
合　计																							

附件　　张

会计主管：　　　记账：　　　审核：　　　制单：

转　账　凭　证

年　　月　　日　　　　　　　　转字　　号

摘　要	总账科目	明细科目	借方金额										贷方金额										记账
			千	百	十	万	千	百	十	元	角	分	千	百	十	万	千	百	十	元	角	分	
合　计																							

附件　　张

会计主管：　　　记账：　　　审核：　　　制单：

转　账　凭　证

年　月　日　　　　转字　号

摘　要	总账科目	明细科目	借方金额										贷方金额										记账
			千	百	十	万	千	百	十	元	角	分	千	百	十	万	千	百	十	元	角	分	
合　计																							

附件　张

会计主管：　记账：　审核：　制单：

转　账　凭　证

年　月　日　　　　转字　号

摘　要	总账科目	明细科目	借方金额										贷方金额										记账
			千	百	十	万	千	百	十	元	角	分	千	百	十	万	千	百	十	元	角	分	
合　计																							

附件　张

会计主管：　记账：　审核：　制单：

转　账　凭　证

年　　月　　日　　　　　　　　转字　　号

摘　要	总账科目	明细科目	借方金额										贷方金额										记账
			千	百	十	万	千	百	十	元	角	分	千	百	十	万	千	百	十	元	角	分	
合　计																							

附件　张

会计主管：　　记账：　　审核：　　制单：

转　账　凭　证

年　　月　　日　　　　　　　　转字　　号

摘　要	总账科目	明细科目	借方金额										贷方金额										记账
			千	百	十	万	千	百	十	元	角	分	千	百	十	万	千	百	十	元	角	分	
合　计																							

附件　张

会计主管：　　记账：　　审核：　　制单：

转　账　凭　证

年　　月　　日　　　　　　　　　　转字　　号

摘要	总账科目	明细科目	借方金额										贷方金额										记账
			千	百	十	万	千	百	十	元	角	分	千	百	十	万	千	百	十	元	角	分	
合计																							

附件　　张

会计主管：　　　　记账：　　　　审核：　　　　制单：

转　账　凭　证

年　　月　　日　　　　　　　　　　转字　　号

摘要	总账科目	明细科目	借方金额										贷方金额										记账
			千	百	十	万	千	百	十	元	角	分	千	百	十	万	千	百	十	元	角	分	
合计																							

附件　　张

会计主管：　　　　记账：　　　　审核：　　　　制单：

转　账　凭　证

年　月　日　　　　转字　　号

摘要	总账科目	明细科目	借方金额										贷方金额										记账
			千	百	十	万	千	百	十	元	角	分	千	百	十	万	千	百	十	元	角	分	
合计																							

附件　　张

会计主管：　　记账：　　审核：　　制单：

转　账　凭　证

年　月　日　　　　转字　　号

摘要	总账科目	明细科目	借方金额										贷方金额										记账
			千	百	十	万	千	百	十	元	角	分	千	百	十	万	千	百	十	元	角	分	
合计																							

附件　　张

会计主管：　　记账：　　审核：　　制单：

二、明细分类账（成本费用类）

1. 制造费用明细账

制造费用明细分类账

总第______页次______页

明细科目______基本生产车间

年		凭证号数	摘要	借方发生额										明细项目																																																											
月	日													物料消耗										管理人员薪酬										水电费										折旧费										劳保费										其他									
				千	百	十	万	千	百	十	元	角	分	千	百	十	万	千	百	十	元	角	分	千	百	十	万	千	百	十	元	角	分	千	百	十	万	千	百	十	元	角	分	千	百	十	万	千	百	十	元	角	分	千	百	十	万	千	百	十	元	角	分	千	百	十	万	千	百	十	元	角	分

制造费用明细分类账

总第______页次______页

明细科目______基本生产车间

年		凭证号数	摘要	借方发生额										明细项目																																																											
月	日													物料消耗										管理人员薪酬										水电费										折旧费										劳保费										其他									
				千	百	十	万	千	百	十	元	角	分	千	百	十	万	千	百	十	元	角	分	千	百	十	万	千	百	十	元	角	分	千	百	十	万	千	百	十	元	角	分	千	百	十	万	千	百	十	元	角	分	千	百	十	万	千	百	十	元	角	分	千	百	十	万	千	百	十	元	角	分

2. 辅助生产成本明细账

辅助生产成本明细分类账

总第______页次______页

明细科目______蒸汽车间

年		凭证号数	摘要	借方发生额										明细项目																																																									
月	日													材料费										人工薪酬费										水电费										折旧费										劳保费										其他									
				千	百	十	万	千	百	十	元	角	分	千	百	十	万	千	百	十	元	角	分	千	百	十	万	千	百	十	元	角	分	千	百	十	万	千	百	十	元	角	分	千	百	十	万	千	百	十	元	角	分	千	百	十	万	千	百	十	元	角	分	千	百	十	万	千	百	十	元	角	分

辅助生产成本明细分类账

总第______页次______页

明细科目______供电车间

年		凭证号数	摘要	借方发生额										明细项目																																																											
月	日													材料费										人工薪酬费										水电费										折旧费										劳保费										其他									
				千	百	十	万	千	百	十	元	角	分	千	百	十	万	千	百	十	元	角	分	千	百	十	万	千	百	十	元	角	分	千	百	十	万	千	百	十	元	角	分	千	百	十	万	千	百	十	元	角	分	千	百	十	万	千	百	十	元	角	分	千	百	十	万	千	百	十	元	角	分

3.基本生产成本明细账

基本生产成本明细分类账

总第______页次______页

明细科目______A型内胎

年		凭证号数	摘要	借方发生额	明细项目					
月	日				直接材料	自制半成品	直接人工	制造费用		
				千百十万千百十元角分	千百十万千百十元角分	千百十万千百十元角分	千百十万千百十元角分	千百十万千百十元角分	千百十万千百十元角分	千百十万千百十元角分

基本生产成本明细分类账

总第______页次______页

明细科目______B型内胎

年		凭证号数	摘要	借方发生额	明细项目					
月	日				直接材料	自制半成品	直接人工	制造费用		
				千百十万千百十元角分	千百十万千百十元角分	千百十万千百十元角分	千百十万千百十元角分	千百十万千百十元角分	千百十万千百十元角分	千百十万千百十元角分

4. 管理费用明细账（简）

管理费用明细分类账(简)

总第______页次______页

年		凭证号数	摘要	借方发生额										明细项目																																																											
月	日													材料费										薪酬费										水电费										折旧费										保险费										其他									
				千	百	十	万	千	百	十	元	角	分	千	百	十	万	千	百	十	元	角	分	千	百	十	万	千	百	十	元	角	分	千	百	十	万	千	百	十	元	角	分	千	百	十	万	千	百	十	元	角	分	千	百	十	万	千	百	十	元	角	分	千	百	十	万	千	百	十	元	角	分

5.销售费用明细账（简）

销售费用明细分类账(简)

总第______页次______页

年		凭证号数	摘要	借方发生额										明细项目																																																										
月	日													材料费										薪酬费										水电费										折旧费										保险费										其他									
				千	百	十	万	千	百	十	元	角	分	千	百	十	万	千	百	十	元	角	分	千	百	十	万	千	百	十	元	角	分	千	百	十	万	千	百	十	元	角	分	千	百	十	万	千	百	十	元	角	分	千	百	十	万	千	百	十	元	角	分	千	百	十	万	千	百	十	元	角	分

三、成本报表

表 5-1

全部产品成本表

编制企业：　　　　　　　　　　　　年　　月

产品名称	计量单位	实际产量		单位成本				本月总成本			本年累计总成本		
		本月	本年累计	上年实际平均	本年计划	本月实际	本年累计实际平均	按上年实际平均成本计算	按本年计划单位成本计算	本月实际	按上年实际平均成本计算	按本年计划单位成本计算	本年实际
可比产品合计													
其中1：													
2：													
不可比产品合计													
其中1：													
2：													
全部产品生产成本													

会计主管：　　　　　　　　　　复核：　　　　　　　　　　制表：

表 5-2

主 要 产 品 单 位 成 本 表

编制企业： 年 月

产品名称		实际产量			
规格型号		本年累计实际产量			
计量单位		销售单价			
成本项目	历史先进水平	上年实际平均	本年计划	本月实际	本年实际平均
直接材料					
直接人工					
制造费用					
产品成本合计					
主要技术经济指标	耗用量	耗用量	耗用量	耗用量	耗用量
1					
2					
3					

会计主管： 复核： 制表：

表 5-3

主要产品单位成本表

编制企业：　　　　　　　　　　年　　月

产品名称		实际产量			
规格型号		本年累计实际产量			
计量单位		销售单价			
成本项目	历史先进水平	上年实际平均	本年计划	本月实际	本年实际平均
直接材料					
直接人工					
制造费用					
产品成本合计					
主要技术经济指标	耗用量	耗用量	耗用量	耗用量	耗用量
1					
2					
3					

会计主管：　　　　　　　　复核：　　　　　　　　制表：

附录2　分批法实验材料

一、记账凭证

付　款　凭　证

贷方科目：　　　　　　年　　月　　日　　　　　　　字　　号

摘　要	总账科目	明细科目	借方金额										记账
			千	百	十	万	千	百	十	元	角	分	
合　计													

附件　　张

会计主管：　　　记账：　　　审核：　　　出纳：　　　制单：

付　款　凭　证

贷方科目：　　　　　　年　　月　　日　　　　　　　字　　号

摘　要	总账科目	明细科目	借方金额										记账
			千	百	十	万	千	百	十	元	角	分	
合　计													

附件　　张

会计主管：　　　记账：　　　审核：　　　出纳：　　　制单：

付　款　凭　证

贷方科目：　　　　　　　　年　　月　　日　　　　　　　　字　　号

摘　　要	总账科目	明细科目	借　方　金　额										记账
			千	百	十	万	千	百	十	元	角	分	
合　　计													

附件　　张

会计主管：　　　　记账：　　　　审核：　　　　出纳：　　　　制单：

付　款　凭　证

贷方科目：　　　　　　　　年　　月　　日　　　　　　　　字　　号

摘　　要	总账科目	明细科目	借　方　金　额										记账
			千	百	十	万	千	百	十	元	角	分	
合　　计													

附件　　张

会计主管：　　　　记账：　　　　审核：　　　　出纳：　　　　制单：

付　款　凭　证

贷方科目：　　　　　　　　年　　月　　日　　　　　　　　字　　号

摘　要	总账科目	明细科目	借　方　金　额										记账
			千	百	十	万	千	百	十	元	角	分	
合　计													

附件　张

会计主管：　　　　记账：　　　　审核：　　　　出纳：　　　　制单：

付　款　凭　证

贷方科目：　　　　　　　　年　　月　　日　　　　　　　　字　　号

摘　要	总账科目	明细科目	借　方　金　额										记账
			千	百	十	万	千	百	十	元	角	分	
合　计													

附件　张

会计主管：　　　　记账：　　　　审核：　　　　出纳：　　　　制单：

付　款　凭　证

贷方科目：　　　　　　　　　年　　月　　日　　　　　　　　字　　号

摘　要	总账科目	明细科目	借方金额										记账
			千	百	十	万	千	百	十	元	角	分	
合　计													

附件　张

会计主管：　　　　记账：　　　　审核：　　　　出纳：　　　　制单：

付　款　凭　证

贷方科目：　　　　　　　　　年　　月　　日　　　　　　　　字　　号

摘　要	总账科目	明细科目	借方金额										记账
			千	百	十	万	千	百	十	元	角	分	
合　计													

附件　张

会计主管：　　　　记账：　　　　审核：　　　　出纳：　　　　制单：

付　　款　　凭　　证

贷方科目：　　　　　　　　年　　月　　日　　　　　　　　字　　号

摘　要	总账科目	明细科目	借方金额										记账
			千	百	十	万	千	百	十	元	角	分	
合　计													

附件　　张

会计主管：　　　　记账：　　　　审核：　　　　出纳：　　　　制单：

付　　款　　凭　　证

贷方科目：　　　　　　　　年　　月　　日　　　　　　　　字　　号

摘　要	总账科目	明细科目	借方金额										记账
			千	百	十	万	千	百	十	元	角	分	
合　计													

附件　　张

会计主管：　　　　记账：　　　　审核：　　　　出纳：　　　　制单：

转　账　凭　证

年　月　日　　　　转字　　号

摘　要	总账科目	明细科目	借方金额										贷方金额										记账
			千	百	十	万	千	百	十	元	角	分	千	百	十	万	千	百	十	元	角	分	
合　计																							

附件　张

会计主管：　　记账：　　审核：　　制单：

转　账　凭　证

年　月　日　　　　转字　　号

摘　要	总账科目	明细科目	借方金额										贷方金额										记账
			千	百	十	万	千	百	十	元	角	分	千	百	十	万	千	百	十	元	角	分	
合　计																							

附件　张

会计主管：　　记账：　　审核：　　制单：

转　账　凭　证

年　　月　　日　　　　　　　　转字　　号

摘　要	总账科目	明细科目	借　方　金　额										贷　方　金　额										记账
			千	百	十	万	千	百	十	元	角	分	千	百	十	万	千	百	十	元	角	分	
合　计																							

附件　　张

会计主管：　　　　记账：　　　　审核：　　　　制单：

转　账　凭　证

年　　月　　日　　　　　　　　转字　　号

摘　要	总账科目	明细科目	借　方　金　额										贷　方　金　额										记账
			千	百	十	万	千	百	十	元	角	分	千	百	十	万	千	百	十	元	角	分	
合　计																							

附件　　张

会计主管：　　　　记账：　　　　审核：　　　　制单：

转　账　凭　证

年　月　日　　　　转字　号

摘　要	总账科目	明细科目	借方金额										贷方金额										记账
			千	百	十	万	千	百	十	元	角	分	千	百	十	万	千	百	十	元	角	分	
合　计																							

附件　张

会计主管：　　记账：　　审核：　　制单：

转　账　凭　证

年　月　日　　　　转字　号

摘　要	总账科目	明细科目	借方金额										贷方金额										记账
			千	百	十	万	千	百	十	元	角	分	千	百	十	万	千	百	十	元	角	分	
合　计																							

附件　张

会计主管：　　记账：　　审核：　　制单：

转　账　凭　证

年　　月　　日　　　　　　　　　　转字　　号

摘要	总账科目	明细科目	借方金额										贷方金额										记账
			千	百	十	万	千	百	十	元	角	分	千	百	十	万	千	百	十	元	角	分	
合计																							

附件　　张

会计主管：　　　　记账：　　　　审核：　　　　制单：

转　账　凭　证

年　　月　　日　　　　　　　　　　转字　　号

摘要	总账科目	明细科目	借方金额										贷方金额										记账
			千	百	十	万	千	百	十	元	角	分	千	百	十	万	千	百	十	元	角	分	
合计																							

附件　　张

会计主管：　　　　记账：　　　　审核：　　　　制单：

转　账　凭　证

年　月　日　　　　转字　号

摘要	总账科目	明细科目	借方金额										贷方金额										记账
			千	百	十	万	千	百	十	元	角	分	千	百	十	万	千	百	十	元	角	分	
合计																							

附件　张

会计主管：　　记账：　　审核：　　制单：

转　账　凭　证

年　月　日　　　　转字　号

摘要	总账科目	明细科目	借方金额										贷方金额										记账
			千	百	十	万	千	百	十	元	角	分	千	百	十	万	千	百	十	元	角	分	
合计																							

附件　张

会计主管：　　记账：　　审核：　　制单：

转　账　凭　证

年　　月　　日　　　　　　　　转字　　号

摘　要	总账科目	明细科目	借方金额										贷方金额										记账
			千	百	十	万	千	百	十	元	角	分	千	百	十	万	千	百	十	元	角	分	
合　计																							

附件　　张

会计主管：　　　　记账：　　　　审核：　　　　制单：

转　账　凭　证

年　　月　　日　　　　　　　　转字　　号

摘　要	总账科目	明细科目	借方金额										贷方金额										记账
			千	百	十	万	千	百	十	元	角	分	千	百	十	万	千	百	十	元	角	分	
合　计																							

附件　　张

会计主管：　　　　记账：　　　　审核：　　　　制单：

转　账　凭　证

年　　月　　日　　　　　　　　转字　　号

摘　　要	总账科目	明细科目	借方金额										贷方金额										记账
			千	百	十	万	千	百	十	元	角	分	千	百	十	万	千	百	十	元	角	分	
合　　计																							

附件　　张

会计主管：　　　记账：　　　审核：　　　制单：

转　账　凭　证

年　　月　　日　　　　　　　　转字　　号

摘　　要	总账科目	明细科目	借方金额										贷方金额										记账
			千	百	十	万	千	百	十	元	角	分	千	百	十	万	千	百	十	元	角	分	
合　　计																							

附件　　张

会计主管：　　　记账：　　　审核：　　　制单：

转　账　凭　证

年　月　日　　　　转字　号

摘要	总账科目	明细科目	借方金额										贷方金额										记账
			千	百	十	万	千	百	十	元	角	分	千	百	十	万	千	百	十	元	角	分	
合计																							

附件　张

会计主管：　　记账：　　审核：　　制单：

转　账　凭　证

年　月　日　　　　转字　号

摘要	总账科目	明细科目	借方金额										贷方金额										记账
			千	百	十	万	千	百	十	元	角	分	千	百	十	万	千	百	十	元	角	分	
合计																							

附件　张

会计主管：　　记账：　　审核：　　制单：

转　账　凭　证

年　月　日　　　　转字　号

摘要	总账科目	明细科目	借方金额										贷方金额										记账
			千	百	十	万	千	百	十	元	角	分	千	百	十	万	千	百	十	元	角	分	
合计																							

附件　张

会计主管：　记账：　审核：　制单：

转　账　凭　证

年　月　日　　　　转字　号

摘要	总账科目	明细科目	借方金额										贷方金额										记账
			千	百	十	万	千	百	十	元	角	分	千	百	十	万	千	百	十	元	角	分	
合计																							

附件　张

会计主管：　记账：　审核：　制单：

转　账　凭　证

年　　月　　日　　　　　　　　转字　　号

摘　要	总账科目	明细科目	借方金额										贷方金额										记账
			千	百	十	万	千	百	十	元	角	分	千	百	十	万	千	百	十	元	角	分	
合　计																							

附件　　张

会计主管：　　　记账：　　　审核：　　　制单：

转　账　凭　证

年　　月　　日　　　　　　　　转字　　号

摘　要	总账科目	明细科目	借方金额										贷方金额										记账
			千	百	十	万	千	百	十	元	角	分	千	百	十	万	千	百	十	元	角	分	
合　计																							

附件　　张

会计主管：　　　记账：　　　审核：　　　制单：

二、明细分类账（成本费用类）

1.制造费用明细账

制造费用明细分类账

总第______页次______页

明细科目______基本生产车间

年		凭证号数	摘要	借方发生额										明细项目																																																												
														物料消耗										管理人员薪酬费										水电费										折旧费										劳保费										其他									
月	日			千	百	十	万	千	百	十	元	角	分	千	百	十	万	千	百	十	元	角	分	千	百	十	万	千	百	十	元	角	分	千	百	十	万	千	百	十	元	角	分	千	百	十	万	千	百	十	元	角	分	千	百	十	万	千	百	十	元	角	分	千	百	十	万	千	百	十	元	角	分

2.辅助生产成本明细账

辅助生产成本明细分类账

总第______页次______页

明细科目______运输队

年		凭证号数	摘　要	借方发生额	明　细　项　目					
月	日				材料费	人工薪酬费	水电费	折旧费	劳保费	其他
				千百十万千百十元角分	千百十万千百十元角分	千百十万千百十元角分	千百十万千百十元角分	千百十万千百十元角分	千百十万千百十元角分	千百十万千百十元角分

3.基本生产成本明细账

基本生产成本明细分类账

总第______页次______页

明细科目______20201125批号

年		凭证号数	摘要	借方发生额										明细项目																																																										
月	日													直接材料										自制半成品										直接人工										制造费用																													
				千	百	十	万	千	百	十	元	角	分	千	百	十	万	千	百	十	元	角	分	千	百	十	万	千	百	十	元	角	分	千	百	十	万	千	百	十	元	角	分	千	百	十	万	千	百	十	元	角	分	千	百	十	万	千	百	十	元	角	分	千	百	十	万	千	百	十	元	角	分

基本生产成本明细分类账

总第______页次______页

明细科目______ 20201130批号

年		凭证号数	摘要	借方发生额										明细项目																																																	
月	日													直接材料										自制半成品										直接人工										制造费用																													
				千	百	十	万	千	百	十	元	角	分	千	百	十	万	千	百	十	元	角	分	千	百	十	万	千	百	十	元	角	分	千	百	十	万	千	百	十	元	角	分	千	百	十	万	千	百	十	元	角	分	千	百	十	万	千	百	十	元	角	分	千	百	十	万	千	百	十	元	角	分

基本生产成本明细分类账

总第______页次______页

明细科目______20201203批号

年		凭证号数	摘　要	借方发生额	明　细　项　目					
					直接材料	自制半成品	直接人工	制造费用		
月	日			千百十万千百十元角分	千百十万千百十元角分	千百十万千百十元角分	千百十万千百十元角分	千百十万千百十元角分	千百十万千百十元角分	千百十万千百十元角分

基本生产成本明细分类账

总第______页次______页

明细科目______20201215批号

年		凭证号数	摘要	借方发生额										明细项目																																																											
月	日													直接材料										自制半成品										直接人工										制造费用																													
				千	百	十	万	千	百	十	元	角	分	千	百	十	万	千	百	十	元	角	分	千	百	十	万	千	百	十	元	角	分	千	百	十	万	千	百	十	元	角	分	千	百	十	万	千	百	十	元	角	分	千	百	十	万	千	百	十	元	角	分	千	百	十	万	千	百	十	元	角	分

基本生产成本明细分类账

总第______页次______页

明细科目______20201227批号

年		凭证号数	摘要	借方发生额										明细项目																																																													
														直接材料										自制半成品										直接人工										制造费用																													
月	日			千	百	十	万	千	百	十	元	角	分	千	百	十	万	千	百	十	元	角	分	千	百	十	万	千	百	十	元	角	分	千	百	十	万	千	百	十	元	角	分	千	百	十	万	千	百	十	元	角	分	千	百	十	万	千	百	十	元	角	分	千	百	十	万	千	百	十	元	角	分

4. 管理费用明细账（简）

管理费用明细分类账（简）

总第______页次______页

年		凭证号数	摘要	借方发生额	明细项目					
月	日				材料费	薪酬费	水电费	折旧费	保险费	其他
				千百十万千百十元角分	千百十万千百十元角分	千百十万千百十元角分	千百十万千百十元角分	千百十万千百十元角分	千百十万千百十元角分	千百十万千百十元角分

5.销售费用明细账（简）

销售费用明细分类账（简）

总第______页次______页

年		凭证号数	摘要	借方发生额										明细项目																																																										
月	日													材料费										薪酬费										水电费										折旧费										保险费										其他									
				千	百	十	万	千	百	十	元	角	分	千	百	十	万	千	百	十	元	角	分	千	百	十	万	千	百	十	元	角	分	千	百	十	万	千	百	十	元	角	分	千	百	十	万	千	百	十	元	角	分	千	百	十	万	千	百	十	元	角	分	千	百	十	万	千	百	十	元	角	分

三、成本报表

表 5-4

全部产品成本表

编制企业：　　　　　　　　　　　　　　年　　月

产品名称	计量单位	实际产量		单位成本				本月总成本			本年累计总成本		
		本月	本年累计	上年实际平均	本年计划	本月实际	本年累计实际平均	按上年实际平均成本计算	按本年计划单位成本计算	本月实际	按上年实际平均成本计算	按本年计划单位成本计算	本年实际
可比产品合计													
其中1：													
2：													
不可比产品合计													
其中1：													
2：													
全部产品生产成本													

会计主管：　　　　　　　　　　复核：　　　　　　　　　　制表：

表 5-5

主要产品单位成本表

编制企业：　　　　　　　　　　年　　月

产品名称		实际产量			
规格型号		本年累计实际产量			
计量单位		销售单价			
成本项目	历史先进水平	上年实际平均	本年计划	本月实际	本年实际平均
直接材料					
直接人工					
制造费用					
产品成本合计					
主要技术经济指标	耗用量	耗用量	耗用量	耗用量	耗用量
1					
2					
3					

会计主管：　　　　　　　　复核：　　　　　　　制表：

表 5-6

主要产品单位成本表

编制企业：　　　　　　　　　　年　　月

产品名称		实际产量			
规格型号		本年累计实际产量			
计量单位		销售单价			
成本项目	历史先进水平	上年实际平均	本年计划	本月实际	本年实际平均
直接材料					
直接人工					
制造费用					
产品成本合计					
主要技术经济指标	耗用量	耗用量	耗用量	耗用量	耗用量
1					
2					
3					

会计主管：　　　　　　　　复核：　　　　　　　　制表：

附录3　分步法实验材料

一、记账凭证

付　款　凭　证

贷方科目：　　　　　　　　年　　月　　日　　　　　　　　字　　号

摘　　要	总账科目	明细科目	借　方　金　额										记账
			千	百	十	万	千	百	十	元	角	分	
合　　计													

附件　　张

会计主管：　　　　记账：　　　　审核：　　　　出纳：　　　　制单：

付　款　凭　证

贷方科目：　　　　　　　　年　　月　　日　　　　　　　　字　　号

摘　　要	总账科目	明细科目	借　方　金　额										记账
			千	百	十	万	千	百	十	元	角	分	
合　　计													

附件　　张

会计主管：　　　　记账：　　　　审核：　　　　出纳：　　　　制单：

付　款　凭　证

贷方科目：　　　　　　年　　月　　日　　　　　　字　　号

摘　要	总账科目	明细科目	借方金额										记账
			千	百	十	万	千	百	十	元	角	分	
合　计													

附件　张

会计主管：　　记账：　　审核：　　出纳：　　制单：

付　款　凭　证

贷方科目：　　　　　　年　　月　　日　　　　　　字　　号

摘　要	总账科目	明细科目	借方金额										记账
			千	百	十	万	千	百	十	元	角	分	
合　计													

附件　张

会计主管：　　记账：　　审核：　　出纳：　　制单：

付　　款　　凭　　证

贷方科目：　　　　　　　年　　月　　日　　　　　　　字　　号

摘　要	总账科目	明细科目	借方金额										记账
			千	百	十	万	千	百	十	元	角	分	
合　计													

附件　　张

会计主管：　　　记账：　　　审核：　　　出纳：　　　制单：

付　　款　　凭　　证

贷方科目：　　　　　　　年　　月　　日　　　　　　　字　　号

摘　要	总账科目	明细科目	借方金额										记账
			千	百	十	万	千	百	十	元	角	分	
合　计													

附件　　张

会计主管：　　　记账：　　　审核：　　　出纳：　　　制单：

付　款　凭　证

贷方科目：　　　　　　　　年　　月　　日　　　　　　　　字　　号

摘　要	总账科目	明细科目	借方金额										记账
			千	百	十	万	千	百	十	元	角	分	
合　计													

附件　张

会计主管：　　　　记账：　　　　审核：　　　　出纳：　　　　制单：

付　款　凭　证

贷方科目：　　　　　　　　年　　月　　日　　　　　　　　字　　号

摘　要	总账科目	明细科目	借方金额										记账
			千	百	十	万	千	百	十	元	角	分	
合　计													

附件　张

会计主管：　　　　记账：　　　　审核：　　　　出纳：　　　　制单：

付　款　凭　证

贷方科目：　　　　　　年　　月　　日　　　　　　　　字　　号

摘　要	总账科目	明细科目	借方金额										记账
			千	百	十	万	千	百	十	元	角	分	
合　计													

附件　张

会计主管：　　　记账：　　　审核：　　　出纳：　　　制单：

付　款　凭　证

贷方科目：　　　　　　年　　月　　日　　　　　　　　字　　号

摘　要	总账科目	明细科目	借方金额										记账
			千	百	十	万	千	百	十	元	角	分	
合　计													

附件　张

会计主管：　　　记账：　　　审核：　　　出纳：　　　制单：

付　款　凭　证

贷方科目：　　　　　　年　　月　　日　　　　　　　　字　　号

摘　要	总账科目	明细科目	借方金额										记账
			千	百	十	万	千	百	十	元	角	分	
合　计													

附件　　张

会计主管：　　　记账：　　　审核：　　　出纳：　　　制单：

付　款　凭　证

贷方科目：　　　　　　年　　月　　日　　　　　　　　字　　号

摘　要	总账科目	明细科目	借方金额										记账
			千	百	十	万	千	百	十	元	角	分	
合　计													

附件　　张

会计主管：　　　记账：　　　审核：　　　出纳：　　　制单：

转　账　凭　证

年　　月　　日　　　　　　　　转字　　号

摘　要	总账科目	明细科目	借方金额										贷方金额										记账
			千	百	十	万	千	百	十	元	角	分	千	百	十	万	千	百	十	元	角	分	
合　计																							

附件　　张

会计主管：　　　　记账：　　　　审核：　　　　制单：

转　账　凭　证

年　　月　　日　　　　　　　　转字　　号

摘　要	总账科目	明细科目	借方金额										贷方金额										记账
			千	百	十	万	千	百	十	元	角	分	千	百	十	万	千	百	十	元	角	分	
合　计																							

附件　　张

会计主管：　　　　记账：　　　　审核：　　　　制单：

转 账 凭 证

年 月 日 转字 号

摘 要	总账科目	明细科目	借方金额										贷方金额										记账
			千	百	十	万	千	百	十	元	角	分	千	百	十	万	千	百	十	元	角	分	
合 计																							

附件 张

会计主管： 记账： 审核： 制单：

转 账 凭 证

年 月 日 转字 号

摘 要	总账科目	明细科目	借方金额										贷方金额										记账
			千	百	十	万	千	百	十	元	角	分	千	百	十	万	千	百	十	元	角	分	
合 计																							

附件 张

会计主管： 记账： 审核： 制单：

转　账　凭　证

年　　月　　日　　　　　　　　转字　　号

摘　　要	总账科目	明细科目	借方金额										贷方金额										记账
			千	百	十	万	千	百	十	元	角	分	千	百	十	万	千	百	十	元	角	分	
合　　计																							

附件　　张

会计主管：　　　　记账：　　　　审核：　　　　制单：

转　账　凭　证

年　　月　　日　　　　　　　　转字　　号

摘　　要	总账科目	明细科目	借方金额										贷方金额										记账
			千	百	十	万	千	百	十	元	角	分	千	百	十	万	千	百	十	元	角	分	
合　　计																							

附件　　张

会计主管：　　　　记账：　　　　审核：　　　　制单：

转 账 凭 证

年 月 日　　　　转字 号

摘 要	总账科目	明细科目	借方金额										贷方金额										记账
			千	百	十	万	千	百	十	元	角	分	千	百	十	万	千	百	十	元	角	分	
合 计																							

附件 张

会计主管：　　记账：　　审核：　　制单：

转 账 凭 证

年 月 日　　　　转字 号

摘 要	总账科目	明细科目	借方金额										贷方金额										记账
			千	百	十	万	千	百	十	元	角	分	千	百	十	万	千	百	十	元	角	分	
合 计																							

附件 张

会计主管：　　记账：　　审核：　　制单：

转　账　凭　证

年　　月　　日　　　　　　　　转字　　号

摘　要	总账科目	明细科目	借方金额										贷方金额										记账
			千	百	十	万	千	百	十	元	角	分	千	百	十	万	千	百	十	元	角	分	
合　计																							

附件　　张

会计主管：　　　　记账：　　　　审核：　　　　制单：

转　账　凭　证

年　　月　　日　　　　　　　　转字　　号

摘　要	总账科目	明细科目	借方金额										贷方金额										记账
			千	百	十	万	千	百	十	元	角	分	千	百	十	万	千	百	十	元	角	分	
合　计																							

附件　　张

会计主管：　　　　记账：　　　　审核：　　　　制单：

转　账　凭　证

年　　月　　日　　　　　　　　转字　　号

摘　要	总账科目	明细科目	借方金额										贷方金额										记账
			千	百	十	万	千	百	十	元	角	分	千	百	十	万	千	百	十	元	角	分	
合　计																							

附件　　张

会计主管：　　　　记账：　　　　审核：　　　　制单：

转　账　凭　证

年　　月　　日　　　　　　　　转字　　号

摘　要	总账科目	明细科目	借方金额										贷方金额										记账
			千	百	十	万	千	百	十	元	角	分	千	百	十	万	千	百	十	元	角	分	
合　计																							

附件　　张

会计主管：　　　　记账：　　　　审核：　　　　制单：

转　账　凭　证

年　　月　　日　　　　　　　　转字　　号

摘　　要	总账科目	明细科目	借方金额										贷方金额										记账
			千	百	十	万	千	百	十	元	角	分	千	百	十	万	千	百	十	元	角	分	
合　　计																							

附件　　张

会计主管：　　　　记账：　　　　审核：　　　　制单：

转　账　凭　证

年　　月　　日　　　　　　　　转字　　号

摘　　要	总账科目	明细科目	借方金额										贷方金额										记账
			千	百	十	万	千	百	十	元	角	分	千	百	十	万	千	百	十	元	角	分	
合　　计																							

附件　　张

会计主管：　　　　记账：　　　　审核：　　　　制单：

转 账 凭 证

年 月 日 转字 号

摘要	总账科目	明细科目	借方金额										贷方金额										记账
			千	百	十	万	千	百	十	元	角	分	千	百	十	万	千	百	十	元	角	分	
合计																							

附件 张

会计主管： 记账： 审核： 制单：

转 账 凭 证

年 月 日 转字 号

摘要	总账科目	明细科目	借方金额										贷方金额										记账
			千	百	十	万	千	百	十	元	角	分	千	百	十	万	千	百	十	元	角	分	
合计																							

附件 张

会计主管： 记账： 审核： 制单：

转　账　凭　证

年　　月　　日　　　　　　　　转字　　号

摘　要	总账科目	明细科目	借方金额										贷方金额										记账
			千	百	十	万	千	百	十	元	角	分	千	百	十	万	千	百	十	元	角	分	
合　计																							

附件　　张

会计主管：　　　记账：　　　审核：　　　制单：

转　账　凭　证

年　　月　　日　　　　　　　　转字　　号

摘　要	总账科目	明细科目	借方金额										贷方金额										记账
			千	百	十	万	千	百	十	元	角	分	千	百	十	万	千	百	十	元	角	分	
合　计																							

附件　　张

会计主管：　　　记账：　　　审核：　　　制单：

转　账　凭　证

年　月　日　　　　转字　　号

摘　要	总账科目	明细科目	借　方　金　额										贷　方　金　额										记账
			千	百	十	万	千	百	十	元	角	分	千	百	十	万	千	百	十	元	角	分	
合　计																							

附件　张

会计主管：　　记账：　　审核：　　制单：

转　账　凭　证

年　月　日　　　　转字　　号

摘　要	总账科目	明细科目	借　方　金　额										贷　方　金　额										记账
			千	百	十	万	千	百	十	元	角	分	千	百	十	万	千	百	十	元	角	分	
合　计																							

附件　张

会计主管：　　记账：　　审核：　　制单：

转账凭证

年 月 日 转字 号

摘要	总账科目	明细科目	借方金额										贷方金额										记账
			千	百	十	万	千	百	十	元	角	分	千	百	十	万	千	百	十	元	角	分	
合计																							

附件 张

会计主管： 记账： 审核： 制单：

转账凭证

年 月 日 转字 号

摘要	总账科目	明细科目	借方金额										贷方金额										记账
			千	百	十	万	千	百	十	元	角	分	千	百	十	万	千	百	十	元	角	分	
合计																							

附件 张

会计主管： 记账： 审核： 制单：

转　账　凭　证

年　月　日　　　　　　　　转字　　号

摘　要	总账科目	明细科目	借方金额										贷方金额										记账
			千	百	十	万	千	百	十	元	角	分	千	百	十	万	千	百	十	元	角	分	
合　计																							

附件　张

会计主管：　　记账：　　审核：　　制单：

转　账　凭　证

年　月　日　　　　　　　　转字　　号

摘　要	总账科目	明细科目	借方金额										贷方金额										记账
			千	百	十	万	千	百	十	元	角	分	千	百	十	万	千	百	十	元	角	分	
合　计																							

附件　张

会计主管：　　记账：　　审核：　　制单：

转　账　凭　证

年　月　日　　　　　　转字　　号

摘　要	总账科目	明细科目	借方金额										贷方金额										记账
			千	百	十	万	千	百	十	元	角	分	千	百	十	万	千	百	十	元	角	分	
合　计																							

附件　　张

会计主管：　　记账：　　审核：　　制单：

转　账　凭　证

年　月　日　　　　　　转字　　号

摘　要	总账科目	明细科目	借方金额										贷方金额										记账
			千	百	十	万	千	百	十	元	角	分	千	百	十	万	千	百	十	元	角	分	
合　计																							

附件　　张

会计主管：　　记账：　　审核：　　制单：

转 账 凭 证

年 月 日 转字 号

摘要	总账科目	明细科目	借方金额										贷方金额										记账
			千	百	十	万	千	百	十	元	角	分	千	百	十	万	千	百	十	元	角	分	
合计																							

附件 张

会计主管： 记账： 审核： 制单：

转 账 凭 证

年 月 日 转字 号

摘要	总账科目	明细科目	借方金额										贷方金额										记账
			千	百	十	万	千	百	十	元	角	分	千	百	十	万	千	百	十	元	角	分	
合计																							

附件 张

会计主管： 记账： 审核： 制单：

转　　账　　凭　　证

年　　月　　日　　　　　　　　　　　　转字　　号

摘　　要	总账科目	明细科目	借方金额										贷方金额										记账
			千	百	十	万	千	百	十	元	角	分	千	百	十	万	千	百	十	元	角	分	
合　　计																							

附件　　张

会计主管：　　　　记账：　　　　审核：　　　　制单：

转　　账　　凭　　证

年　　月　　日　　　　　　　　　　　　转字　　号

摘　　要	总账科目	明细科目	借方金额										贷方金额										记账
			千	百	十	万	千	百	十	元	角	分	千	百	十	万	千	百	十	元	角	分	
合　　计																							

附件　　张

会计主管：　　　　记账：　　　　审核：　　　　制单：

转　账　凭　证

年　月　日　　　　转字　　号

<table>
<tr><td rowspan="2">摘　要</td><td rowspan="2">总账科目</td><td rowspan="2">明细科目</td><td colspan="10">借　方　金　额</td><td colspan="10">贷　方　金　额</td><td rowspan="2">记账</td></tr>
<tr><td>千</td><td>百</td><td>十</td><td>万</td><td>千</td><td>百</td><td>十</td><td>元</td><td>角</td><td>分</td><td>千</td><td>百</td><td>十</td><td>万</td><td>千</td><td>百</td><td>十</td><td>元</td><td>角</td><td>分</td></tr>
<tr><td></td><td></td><td></td><td></td><td></td><td></td><td></td><td></td><td></td><td></td><td></td><td></td><td></td><td></td><td></td><td></td><td></td><td></td><td></td><td></td><td></td><td></td><td></td><td></td></tr>
<tr><td></td><td></td><td></td><td></td><td></td><td></td><td></td><td></td><td></td><td></td><td></td><td></td><td></td><td></td><td></td><td></td><td></td><td></td><td></td><td></td><td></td><td></td><td></td><td></td></tr>
<tr><td></td><td></td><td></td><td></td><td></td><td></td><td></td><td></td><td></td><td></td><td></td><td></td><td></td><td></td><td></td><td></td><td></td><td></td><td></td><td></td><td></td><td></td><td></td><td></td></tr>
<tr><td></td><td></td><td></td><td></td><td></td><td></td><td></td><td></td><td></td><td></td><td></td><td></td><td></td><td></td><td></td><td></td><td></td><td></td><td></td><td></td><td></td><td></td><td></td><td></td></tr>
<tr><td></td><td></td><td></td><td></td><td></td><td></td><td></td><td></td><td></td><td></td><td></td><td></td><td></td><td></td><td></td><td></td><td></td><td></td><td></td><td></td><td></td><td></td><td></td><td></td></tr>
<tr><td colspan="3">合　计</td><td></td><td></td><td></td><td></td><td></td><td></td><td></td><td></td><td></td><td></td><td></td><td></td><td></td><td></td><td></td><td></td><td></td><td></td><td></td><td></td><td></td></tr>
</table>

附件　张

会计主管：　　记账：　　审核：　　制单：

转　账　凭　证

年　月　日　　　　转字　　号

<table>
<tr><td rowspan="2">摘　要</td><td rowspan="2">总账科目</td><td rowspan="2">明细科目</td><td colspan="10">借　方　金　额</td><td colspan="10">贷　方　金　额</td><td rowspan="2">记账</td></tr>
<tr><td>千</td><td>百</td><td>十</td><td>万</td><td>千</td><td>百</td><td>十</td><td>元</td><td>角</td><td>分</td><td>千</td><td>百</td><td>十</td><td>万</td><td>千</td><td>百</td><td>十</td><td>元</td><td>角</td><td>分</td></tr>
<tr><td></td><td></td><td></td><td></td><td></td><td></td><td></td><td></td><td></td><td></td><td></td><td></td><td></td><td></td><td></td><td></td><td></td><td></td><td></td><td></td><td></td><td></td><td></td><td></td></tr>
<tr><td></td><td></td><td></td><td></td><td></td><td></td><td></td><td></td><td></td><td></td><td></td><td></td><td></td><td></td><td></td><td></td><td></td><td></td><td></td><td></td><td></td><td></td><td></td><td></td></tr>
<tr><td></td><td></td><td></td><td></td><td></td><td></td><td></td><td></td><td></td><td></td><td></td><td></td><td></td><td></td><td></td><td></td><td></td><td></td><td></td><td></td><td></td><td></td><td></td><td></td></tr>
<tr><td></td><td></td><td></td><td></td><td></td><td></td><td></td><td></td><td></td><td></td><td></td><td></td><td></td><td></td><td></td><td></td><td></td><td></td><td></td><td></td><td></td><td></td><td></td><td></td></tr>
<tr><td></td><td></td><td></td><td></td><td></td><td></td><td></td><td></td><td></td><td></td><td></td><td></td><td></td><td></td><td></td><td></td><td></td><td></td><td></td><td></td><td></td><td></td><td></td><td></td></tr>
<tr><td colspan="3">合　计</td><td></td><td></td><td></td><td></td><td></td><td></td><td></td><td></td><td></td><td></td><td></td><td></td><td></td><td></td><td></td><td></td><td></td><td></td><td></td><td></td><td></td></tr>
</table>

附件　张

会计主管：　　记账：　　审核：　　制单：

二、明细分类账（成本费用类）

1.制造费用明细账

制造费用明细分类账

总第______页次______页

明细科目______裁剪车间

年		凭证号数	摘要	借方发生额										明细项目																																																												
月	日													物料消耗										管理人员薪酬费										水电费										折旧费										劳保费										其他									
				千	百	十	万	千	百	十	元	角	分	千	百	十	万	千	百	十	元	角	分	千	百	十	万	千	百	十	元	角	分	千	百	十	万	千	百	十	元	角	分	千	百	十	万	千	百	十	元	角	分	千	百	十	万	千	百	十	元	角	分	千	百	十	万	千	百	十	元	角	分

制造费用明细分类账

总第______页次______页

明细科目______缝纫车间

年		凭证号数	摘要	借方发生额										明细项目																																																										
月	日													物料消耗										管理人员薪酬费										水电费										折旧费										劳保费										其他									
				千	百	十	万	千	百	十	元	角	分	千	百	十	万	千	百	十	元	角	分	千	百	十	万	千	百	十	元	角	分	千	百	十	万	千	百	十	元	角	分	千	百	十	万	千	百	十	元	角	分	千	百	十	万	千	百	十	元	角	分	千	百	十	万	千	百	十	元	角	分

制造费用明细分类账

总第______页次______页

明细科目______成衣车间

年		凭证号数	摘要	借方发生额										明细项目																																																										
														物料消耗										管理人员薪酬费										水电费										折旧费										劳保费										其他									
月	日			千	百	十	万	千	百	十	元	角	分	千	百	十	万	千	百	十	元	角	分	千	百	十	万	千	百	十	元	角	分	千	百	十	万	千	百	十	元	角	分	千	百	十	万	千	百	十	元	角	分	千	百	十	万	千	百	十	元	角	分	千	百	十	万	千	百	十	元	角	分

制造费用明细分类账

总第______页次______页

明细科目______成衣车间

年		凭证号数	摘要	借方发生额	明细项目					
					物料消耗	管理人员薪酬费	水电费	折旧费	劳保费	其他
月	日			千百十万千百十元角分	千百十万千百十元角分	千百十万千百十元角分	千百十万千百十元角分	千百十万千百十元角分	千百十万千百十元角分	千百十万千百十元角分

2. 辅助生产成本明细账

辅助生产成本明细分类账

总第______页次______页

明细科目______机修车间

年		凭证号数	摘要	借方发生额										明细项目																																																											
月	日													材料费										人工薪酬费										水电费										折旧费										劳保费										其他									
				千	百	十	万	千	百	十	元	角	分	千	百	十	万	千	百	十	元	角	分	千	百	十	万	千	百	十	元	角	分	千	百	十	万	千	百	十	元	角	分	千	百	十	万	千	百	十	元	角	分	千	百	十	万	千	百	十	元	角	分	千	百	十	万	千	百	十	元	角	分

辅助生产成本明细分类账

总第______页次______页

明细科目______运输队

年		凭证号数	摘要	借方发生额	明细项目					
月	日				材料费	人工薪酬费	水电费	折旧费	劳保费	其他
				千百十万千百十元角分	千百十万千百十元角分	千百十万千百十元角分	千百十万千百十元角分	千百十万千百十元角分	千百十万千百十元角分	千百十万千百十元角分

3. 基本生产成本明细账

总第______页次______页

二级科目______裁剪车间

明细科目______普通内衣

基本生产成本明细分类账

年		凭证号数	摘要	借方发生额	明细项目					
月	日				直接材料	自制半成品	直接人工	制造费用		
				千百十万千百十元角分	千百十万千百十元角分	千百十万千百十元角分	千百十万千百十元角分	千百十万千百十元角分	千百十万千百十元角分	千百十万千百十元角分

总第______页次______页

二级科目______裁剪车间

明细科目______精品内衣

基本生产成本明细分类账

年		凭证号数	摘　要	借方发生额	明　细　项　目					
					直接材料	自制半成品	直接人工	制造费用		
月	日			千百十万千百十元角分	千百十万千百十元角分	千百十万千百十元角分	千百十万千百十元角分	千百十万千百十元角分	千百十万千百十元角分	千百十万千百十元角分

总第______页次______页

基本生产成本明细分类账

二级科目______缝纫车间

明细科目______普通内衣

年		凭证号数	摘要	借方发生额										明细项目																																																													
月	日													直接材料										自制半成品										直接人工										制造费用																													
				千	百	十	万	千	百	十	元	角	分	千	百	十	万	千	百	十	元	角	分	千	百	十	万	千	百	十	元	角	分	千	百	十	万	千	百	十	元	角	分	千	百	十	万	千	百	十	元	角	分	千	百	十	万	千	百	十	元	角	分	千	百	十	万	千	百	十	元	角	分

总第______页次______页

二级科目______缝纫车间

明细科目______精品内衣

基本生产成本明细分类账

年		凭证号数	摘要	借方发生额	明细项目					
					直接材料	自制半成品	直接人工	制造费用		
月	日			千百十万千百十元角分	千百十万千百十元角分	千百十万千百十元角分	千百十万千百十元角分	千百十万千百十元角分	千百十万千百十元角分	千百十万千百十元角分

总第______页次______页

二级科目______成衣车间

明细科目______普通内衣

基本生产成本明细分类账

年		凭证号数	摘要	借方发生额										明细项目																																																									
月	日													直接材料										自制半成品										直接人工										制造费用																													
				千	百	十	万	千	百	十	元	角	分	千	百	十	万	千	百	十	元	角	分	千	百	十	万	千	百	十	元	角	分	千	百	十	万	千	百	十	元	角	分	千	百	十	万	千	百	十	元	角	分	千	百	十	万	千	百	十	元	角	分	千	百	十	万	千	百	十	元	角	分

总第______页次______页

二级科目______成衣车间

明细科目______精品内衣

基本生产成本明细分类账

年		凭证号数	摘　要	借方发生额	明细项目					
月	日			千百十万千百十元角分	直接材料 千百十万千百十元角分	自制半成品 千百十万千百十元角分	直接人工 千百十万千百十元角分	制造费用 千百十万千百十元角分	千百十万千百十元角分	千百十万千百十元角分

4.管理费用明细账（简）

管理费用明细分类账（简）

总第______页次______页

<table>
<tr><th colspan="2">年</th><th rowspan="3">凭证号数</th><th rowspan="3">摘　要</th><th colspan="10" rowspan="2">借方发生额</th><th colspan="60">明　细　项　目</th></tr>
<tr><th rowspan="2">月</th><th rowspan="2">日</th><th colspan="10">材料费</th><th colspan="10">薪酬费</th><th colspan="10">水电费</th><th colspan="10">折旧费</th><th colspan="10">保险费</th><th colspan="10">其他</th></tr>
<tr><th>千</th><th>百</th><th>十</th><th>万</th><th>千</th><th>百</th><th>十</th><th>元</th><th>角</th><th>分</th><th>千</th><th>百</th><th>十</th><th>万</th><th>千</th><th>百</th><th>十</th><th>元</th><th>角</th><th>分</th><th>千</th><th>百</th><th>十</th><th>万</th><th>千</th><th>百</th><th>十</th><th>元</th><th>角</th><th>分</th><th>千</th><th>百</th><th>十</th><th>万</th><th>千</th><th>百</th><th>十</th><th>元</th><th>角</th><th>分</th><th>千</th><th>百</th><th>十</th><th>万</th><th>千</th><th>百</th><th>十</th><th>元</th><th>角</th><th>分</th><th>千</th><th>百</th><th>十</th><th>万</th><th>千</th><th>百</th><th>十</th><th>元</th><th>角</th><th>分</th><th>千</th><th>百</th><th>十</th><th>万</th><th>千</th><th>百</th><th>十</th><th>元</th><th>角</th><th>分</th></tr>
</table>

5. 销售费用明细账（简）

总第______页次______页

销售费用明细分类账(简)

年		凭证号数	摘要	借方发生额										明细项目																																																											
月	日													材料费										薪酬费										水电费										折旧费										保险费										其他									
				千	百	十	万	千	百	十	元	角	分	千	百	十	万	千	百	十	元	角	分	千	百	十	万	千	百	十	元	角	分	千	百	十	万	千	百	十	元	角	分	千	百	十	万	千	百	十	元	角	分	千	百	十	万	千	百	十	元	角	分	千	百	十	万	千	百	十	元	角	分

6. 自制半成品明细账

自制半成品明细账

总第______页分第______页

二级科目编号及名称 半成品普通内衣

年		凭证		摘要	借方												贷方												结存											
月	日	种类	号数		数量	单价	金额										数量	单价	金额										数量	单价	金额									
							千	百	十	万	千	百	十	元	角	分			千	百	十	万	千	百	十	元	角	分			千	百	十	万	千	百	十	元	角	分

自制半成品明细账

总第______页分第______页

二级科目编号及名称<u>半成品精品内衣</u>

年		凭证		摘要	借方												贷方												结存											
月	日	种类	号数		数量	单价	金额										数量	单价	金额										数量	单价	金额									
							千	百	十	万	千	百	十	元	角	分			千	百	十	万	千	百	十	元	角	分			千	百	十	万	千	百	十	元	角	分

三、成本还原表

表 5-7

产品成本还原计算表

产品名称：　　　　　　　　　　　　2020年12月

序号	项目	分配率	成本项目					
			半成品裁片	半成品背心	直接材料	直接人工	制造费用	合计
第一次成本还原	还原前完工产品总成本							
	本月所产完工半成品背心成本							
	半成品成本还原							
	还原后完工产品总成本							
第二次成本还原	本月所产完工半成品裁片成本							
	半成品成本还原							
	还原后完工产品总成本							

审核：　　　　　　　　　　制表：

表 5-8

产品成本还原计算表

产品名称：　　　　2020年12月

序号	项目	分配率	成本项目					
			半成品裁片	半成品背心	直接材料	直接人工	制造费用	合计
第一次成本还原	还原前完工产品总成本							
	本月所产完工半成品背心成本							
	半成品成本还原							
	还原后完工产品总成本							
第二次成本还原	本月所产完工半成品裁片成本							
	半成品成本还原							
	还原后完工产品总成本							

审核：　　　　制表：

四、成本报表

表 5-9

全 部 产 品 成 本 表

编制企业： 年 月

产品名称	计量单位	实际产量		单位成本				本月总成本			本年累计总成本		
		本月	本年累计	上年实际平均	本年计划	本月实际	本年累计实际平均	按上年实际平均成本计算	按本年计划单位成本计算	本月实际	按上年实际平均成本计算	按本年计划单位成本计算	本年实际
可比产品合计													
其中1：													
2：													
不可比产品合计													
其中1：													
2：													
全部产品生产成本													

会计主管： 复核： 制表：

表 5-10

主要产品单位成本表

编制企业：　　　　　　　　年　月

产品名称		实际产量			
规格型号		本年累计实际产量			
计量单位		销售单价			
成本项目	历史先进水平	上年实际平均	本年计划	本月实际	本年实际平均
直接材料					
直接人工					
制造费用					
产品成本合计					
主要技术经济指标	耗用量	耗用量	耗用量	耗用量	耗用量
1					
2					
3					

会计主管：　　　　复核：　　　　制表：

表 5-11

主要产品单位成本表

编制企业：　　　　　　　　　　年　　月

产品名称		实际产量			
规格型号		本年累计实际产量			
计量单位		销售单价			
成本项目	历史先进水平	上年实际平均	本年计划	本月实际	本年实际平均
直接材料					
直接人工					
制造费用					
产品成本合计					
主要技术经济指标	耗用量	耗用量	耗用量	耗用量	耗用量
1					
2					
3					

会计主管：　　　　　　　　复核：　　　　　　　　制表：